1억 개의 눈

본질에 충실할 것!
멋지게 드러낼 것!

1억 개의 눈

JOHN KIM 지음

블루페가수스

본질에 충실할 것! 멋지게 드러낼 것!

1억 개의 눈

초판 1쇄 발행 2018년 8월 7일

지은이 JOHN KIM
펴낸이 조자경
펴낸곳 도서출판 블루페가수스

책임편집 조자경
디자인 조은애
마케팅 천정한

출판등록 2017년 11월 23일 (제2017-000140호)
주소 07327 서울시 영등포구 여의나루로71 동화빌딩 1607호
전화 02)780-1222 **주문팩스** 02)6008-5346 **이메일** hanna126@hanmail.net

ISBN 979-11-962853-2-6 03320

• 책값은 뒤표지에 있습니다.
• 잘못된 책이나 파손된 책은 구입하신 서점에서 바꾸어드립니다.

"1억 개의 눈!"

평소에 필자가 많이 하는 말이다. 1억이라는 숫자는 우리 나라 국민 5천만 명을 기준으로 한 것이고, 그 속뜻은 '우리의 모든 언어와 행위는 다른 사람들의 눈에 각각 보이고 해석된다'는 것이다. 글로벌 시대이니 세계 인구를 기준으로 해야 하는 것 아니냐고 반문할 수도 있겠으나, 그저 그 상징성을 '1억'이라는 나름대로 크면서도 현실감 있는 숫자에 담고자 했다.

"우리의 생각과 행동은 1억 개의 눈에서 해석된다. 그런 후에야 세상에 존재한다."

이 책의 키워드는 '해석'이다. 모든 것은 1억 개의 눈으로 해석된 후 생명을 얻는다. 진짜 당신이든 만들어진 당신이든, 생명을 불어넣는 것은 당신이 아니고 타인의 눈이다. 설사 당신이 다른 사람을 전혀 신경 쓰지 않는 사람이라고 하더라도, 그 사실조차 누군가의 눈으로 그렇게 풀이된 것이다. 모든 사회적 관계 맺기는 이렇게 이루어지고, 당신 역시 그 1억 개의 눈에 포함된다.

우리의 관계는 결국 다른 사람들의 해석으로 맺어지며, 그 해석을 바탕으로 우리의 사회가 조직된다. 그리고 우리는 모두 자의든 타의든, 자신이 해석되는 과정에 개입하고 싶어 한다. 자신이 보여지기 원하는 모습으로 해석되거나, 최소한 있는 그대로 보여지기를 원하는 것이다. 인간에게는 본능적으로 타인이 인식하는 자아를 관리하는 DNA가 있다.

이 책에서 다루는 PI는 'President Identity'의 약자로, 국가나 기업 또는 조직의 오너나 리더의 총체적인 정체성을 의미한다.

여기에는 메시지, 행보, 이미지 등 대중에 의해 기억되는 수동적인 의미도 있다. 하지만 본질적으로 통치와 경영의 적극적 행위를 말한다. 학문적으로 접근하지 않고 실무적인 차원에서 보면, '내가 의도한 대로 세상에 보이기 위해 나와 조직이 하는 모든 행위' 정도로 정의할 수 있겠다.

현대사회에서 자신의 의도에 맞는 PI를 구축하기 위한 행위는 매우 복잡하고 다차원적이다. 더 과거로 갈수록 힘을 가진 조직과 개인이 원하는 대로 대중은 통제되었다. 여러 가지 정치적·역사적 요인이 있겠으나, 단순하게 보자면 대중과의 커뮤니케이션 채널이 단순했고 공개된 정보가 많지 않았기 때문이다. 하지만 지금은 거의 모든 정보가 공개되고, 계층이나 개인별로 획득할 수 있는 정보의 채널이 별로 다르지 않다. 게다가 전파 속도가 실시간으로 빨라지면서, 파급력 있는 사진 한 장이면 게임이 끝나는 세상이 되었다. 따라서 PI전략은 갈수록 다차원적이고 입체적으로 진화해갈 수밖에 없는 상황이다.

PI는 본질적으로 조직을 수반하는 행위다. 대통령은 정부를 상징하고, CEO는 기업을 대표한다. 그래서 PI와 CICorporate Identity는 기술적으로 나눌 수 있지만 실제로는 분리하기 어렵다. 더 정확히 말하면, 영속적인 국가와 기업의 활동에서 대중은 CI보다 PI로 평가하고 이야기하게 된다. 국가의 구체적인 정책과 기업의 사업적 행위보다 내가 좀 더 수월하게 소비한 리더의 메시지와 이미지가 그 국가와 기업의 본질로 인식되는 것이다.

이 책에서는 뚜렷한 PI를 가지고 있는 열 명의 리더에 대한 관찰로 해당 기업과 사회를 해석한다. 얽히고 물리는 해석의 연결이다. 가장 큰 고민은, 이런 관점이 어떤 의미를 가질 수 있을까 하는 것이다. 어쩌면 복잡하고 흔한 해석의 시점 하나만 더 던져놓는 게 아닌지…. 하지만 이 시대의 아이콘이라고 할 이들의 성과에 취하는 게 아니라, 그 각자의 특질과 성취의 화학적 결합을 보는 재미가 있었다고 고백하고 싶다.

이 책에는 법칙이 없다. 인간이 관계와 해석으로 만들어가는 세계에 '규범'이 아닌 '법칙'을 내놓는다는 것은 사실 기만적이다. 예외가 많은 법칙은 애초부터 법칙으로서 자격미달이고, 정해놓은 법칙에서 벗어나는 것을 애써 외면하는 것은 유아적이다. 그래서 이 책은 '법칙'이라고 할 만한 것을 제시하지 않는(못한)다. 연역적으로 그럴듯한 법칙이 있어서 그대로 따르면 답을 얻게 되는, 그런 편리한 책이 아닌 것이다.

어떤 상황에서도, 누구에게나, 언제라도 통하는 '법칙'을 제시한다면 독자들로부터 확고한 신뢰를 얻을 수 있을 것이다. 'A는 반드시 B'라고 단정할 수 있다면, 굳이 '해석'의 산통을 겪지 않아도 될 테니 말이다. 하지만 이 세상 인구수만큼이나 다양한 인간관계에 모두 통하는 법칙이란 애당초 있을 수 없고, 그렇게 외운 법칙이 온전히 당신의 것이 되지도 않는다. 그래서 이 책에서는 그저 그 해석의 '산통'을 재미있게 겪어내는 방법에 대해 함께 이야기해보고자 할 뿐이다.

그렇다면 필자는 도대체 어떤 배짱으로 이 불친절하고 애매모호한 책을 썼는가? 어디선가 읽고 본 지식을 그대로 전달하는 이름 있는 메신저가 되고 싶지 않았다. 대신 국가를 운영하는 현장과 기업을 경영하는 전쟁터에서 터득한 생기 있는 관점을 함께 나누는 이름 없는 조언자가 되고 싶었다.

단단하지 못한 졸작이다. 그럼에도 독자들이 이 책을 통해 다른 사람들을 제대로 관찰하고, 그럼으로써 세상을 날카롭게 해석할 수 있는 밝은 눈을 갖게 되기를 희망한다. 그렇게 우리 1억 개의 눈이 좀 더 현명해졌으면 좋겠다. 이 책의 단어 하나, 한 구절만이라도 당신의 가슴을 치고 마음에 남는다면 더할 나위 없이 감사하겠다.

차 례

저자의 글 5

chapter 01 **즐거운 파격** 13
● 철저히 계산된 괴짜성, 버진그룹의 파격적 이미지를 전파하다
버진그룹 회장 | **리처드 브랜슨**

chapter 02 **공감과 소통** 35
● 경청과 공감을 통해 진심으로 다가서고 전략적으로 활용하다
미국 43~44 대통령 | **버락 오바마**

chapter 03 **상생의 미래** 55
● 미래 기업 CEO가 가져야 할 두 가지 태도
카카오 의장 | **김범수**

chapter 04 **미래지향** 71
● 가상과 현실의 경계에서 미래를 꿈꾸다
테슬라모터스 CEO | **일론 머스크**

chapter 05 **부드러운 강함** 93
● 유연한 부드러움이 강함을 이기는 비결
독일 4선 총리 | **앙겔라 메르켈**

chapter 06 **엔터테이너형 오너** 117
● 엔터테이너형 CEO는 고객을 어떻게 사로잡는가
신세계그룹 부회장 | **정용진**

chapter 07 **천재적 창의성** 137
● 잡스의 천재 페르소나는
애플의 창의성과 어떻게 조우하는가
애플 창업자 | **스티브 잡스**

chapter 08 **고객 만족** 163
● 존중과 배려를 받는 직원들의 정신은 모방할 수 없다
사우스웨스트항공 창업자이자 전 CEO | **허브 켈러허**

chapter 09 **칠전팔기** 183
● 자수성가형 CEO의 브랜드 가치가 기업에 미치는 영향
알리바바그룹 회장 | **마윈**

chapter 10 **상식을 행동으로** 203
● 명령만 내리는 리더, 직원 스스로 움직이게 하는 리더
LG생활건강 부회장 | **차석용**

chapter 01

즐거운
파격

버진그룹 회장
리처드 브랜슨

철저히 계산된 괴짜성,
버진그룹의
파격적 이미지를 전파하다

"재미는 급여보다 더 큰 충성요인이다."

리처드 브랜슨

"우리는 인생의 80퍼센트를 일하느라 보낸다. 그런데 재미는 대개 퇴근 후의 그 짧은 시간에서 찾는다. 왜 일하면서는 재미를 찾지 않는가? 직장에서는 재미있으면 안 되는가?"

많은 기업들이 '펀fun 경영'을 목표로 인사와 복지 제도를 손보는 등 기업문화를 바꾸기 위해 노력하고 있다. '재미'가 직원들의 회사에 대한 로열티를 높이고, 나아가 창의적이고 능동적으로 생산성을 향상시키는 방법으로 주목받고 있기 때문이다.

리처드 브랜슨Richard Branson도 '직원들이 즐거운 회사'를 만들겠다는, 기업가로서의 보편적인 목표에서 출발했을 것이다. 물론 그가 여기에서 멈췄다면, 정말 보편적인 수많은 기업가 중 한 명에 지나지 않았을 것이다. 그렇다면 그는 어떻게 해서 펀 경영 및 펀 마케팅의 대표주자가 되었을까?

리처드 브랜슨은 기업의 가치와 자신의 포지션을 '즐거움'이라는 키워드로, '즐거움을 위한 파격'이라는 방법으로 설계했다. 다른 기업들에서 단순히 여러 조직문화 중 하나로 구색을 맞추기 위해 '즐거움'이라는 비전을 집어넣는 것과는 완전히 다른 접근이었다. 게다가 버진그룹Virgin Group의 중심 사업이 '즐거움'이 핵심 요소가 될 수밖에 없는 엔터테인먼트가 아니라 항공이라는 점에서, 이런 설계는 더욱 파격적인 것이었다.

브랜슨은 틀림없이 '실패에 대한 관용도'가 큰 회사를 꿈꾸었을 것이다. 그러면서도 한편으로는 변화하는 기업의 경영환경을 냉정하게 인지하고 있었다.

일반적으로 자본, 조직, 마케팅 역량은 사업을 성공으로 이끄는 절대적인 경쟁 요인이다. 흔히 대기업은 이런 역량을 갖추고 있기 때문에 경쟁에 유리하다고 한다. 그렇다면 대기업의 신규 사업 성공 확률은 얼마나 될까? 결론부터 말하자면 약 9.1퍼센트다. 즉, 경쟁력이 있는 대기업들도 100개의 사업을 시도하면 9개 정도만 성공한다는 뜻이다. 다시 말하면, 10개의 신사업 중 1개 성공하기도 쉽지 않다는 의미이기도 하다.

리처드 브랜슨은 다양한 시도를 해보기도 전에 이런 냉엄한 기업 현실에 겁먹고 주눅 들지 않는 회사와 조직을 만들고 싶었던 것이다. 그리고 빨리 91번의 실패를 겪어야 9번의 성공이 온다는 통계의 역설을 믿고 싶었을 것이다.

즐거움! 그리고 즐겁기 위한 파격! 현대의 소비자는 '즐거운 고객 경험'에 관심이 많다. 그리고 파격적이고 즐거운 기업의 실패에 너그럽다. 리처드 브랜슨은 즐거움으로 마케팅을 하고, 파격적이고 괴짜스러운 시도로 시장에서의 실패에 대한 충격을 최소화한다.

사실 이미 유명한 브랜드를 가지고 있는 대기업들이 함부로 새로운 사업을 시도하지 못하는 이유는, 실패할 경우 브랜드 자체가 손상을 입어 성공한 다른 사업에도 영향을 미치기 때문이다. 이런 관점에서도 실패에 대해 시장의 관용을 얻을 수 있는 '즐거움' 전략은 오늘날의 기업 경영에 대단히

리처드 브랜슨이 스스로 화제의 인물이
되는 것은 "즐거워야 창조할 수 있다"는
버진의 브랜드 가치를 널리 알리기 위해서다.
일종의 PI전략인 셈이다.

유리하다.

리처드 브랜슨은 자신과 버진그룹을 '즐거움'이라는 비전이자 목표이며 수단에 몰입시키는 것의 이점을 매우 잘 아는 영리한 경영자다. 자신이 목표로 하는 사업적 성과를 위해서 시장과 소비자에게 자신의 기업이 어떻게 보여져야 유리한지 선명하게 알고 있는 것이다.

철저히 계산된 괴짜스러움,
즐겁지 않으면 의미가 없다!

리처드 브랜슨은 영국에서 네 번째로 돈이 많은 부자이며, 영국 왕실로부터 정식으로 기사 작위를 받은 '공인된 신사'다. 영국 온라인뉴스 매체 〈피메일퍼스트〉가 선정한 '영국 최고 영웅 5위'이며, 열렬한 환경운동가이기도 하다. 그런 그가 최초로 대서양을 열기구로 횡단하고, 탱크를 몰고 도심을 가로질렀다. 이런 반전과 퍼포먼스들에 여론은 열광하고, 소비자들은 기대한다.

이처럼 종잡을 수 없는 괴짜지만, 브랜슨의 행위는 '즐거움을 위한 기행' 그 자체에 머무르지 않고, 도전정신과 창의성으로 치환돼 오늘날의 버진제국을 건설하는 바탕이 되었다. 무차별적으로 사업을 확장하는 것처럼 보이지만, 사실 그에게는 명확한 경영철학이 있다. 바로 '즐거움'이다. '버진레코드' 초창기부터 지금까지 "일하는 것이 노는 것이고, 노는 것이 일하는 것이다"라는 그의 경영철학은 일관되게 이어져 내려오고 있다.

그가 말하는 '즐거움'이란 대체 뭘까? 열기구 대서양 횡단, 웨딩 사업을 위한 여장 퍼포먼스, 콜라 사업을 위해 뉴욕 시내에서 탱크를 타는 등 떠들썩한 행위로 이슈를 만드는 이유는 무엇일까? 사실 이는 철저하게 계산된 사업적 행동이었다. 즐거움을 위해 파격을 감행함으로써 고객의 기대를 충족시키고, 직원들에게 동기를 부여하며, 스스로의 인생을 가치 있게 만들어가는 것이다.

리처드 브랜슨은 돈보다는 직원과 고객의 행복에 더 큰 의의를 둔다. 즐겁지 않으면 창조적인 아이디어가 나오지 않으며 실행할 의지도 없다는 게 그의 지론. 본인이 스스로 화제의 인물이 되는 것도 이런 버진의 브랜드 가치를 널리 알리기 위해서다. 일종의 PI_{President Identity} 전략인 셈이다.

브랜슨은 CEO 중 PI에 가장 성공한 인물이라 해도 과언이 아니다. CEO의 이미지는 그 개인의 이미지로 국한되는 것이 아니라, 해당 기업과 조직의 이미지로 직결된다. 때문에 잘 구축된 PI는 기업의 주식 가치, 브랜드 이미지 등 조직의 가치 평가에도 큰 영향을 미친다. CEO의 대외적인 이미지가 사회적 평판과 신뢰에 영향을 미치는 것은 물론, 주가로 나타나는 경우도 많다.

또한 대외적인 기업 이미지 구축뿐 아니라 기업 내부적으로도 PI의 중요성은 간과할 수 없다. PI를 통해 구성원들이 자기 조직을 긍정적으로 인식하고 더 높은 충성심을 갖도록 할 수 있기 때문이다.

이처럼 효과적인 PI전략을 뒷받침하는 데 있어 브랜슨은 무엇보다 아주 명확한 PI 콘셉트를 가지고 있었다. '즐거움을 추구하고 도전하는 사람'이라는 것. 세상을 놀라게 하는 기발하고도 유쾌한 퍼포먼스를 통해, 버진이 끊임없이 즐거움을 주는 기업이라는 브랜드 이미지를 세상에 전파했다. 이는 실제로 엄청난 반향을 불러일으키며 매출 상승에 기여했다. 그리고 언제나 직원의 즐거움을 우선시하는 태도는 역시나 내부 고객인 직원들로 하여금 자기 조직에 충성하도록 했다.

한편, 거대한 비즈니스 제국을 세운 그는 일반 기업가와는 다른 독특한 비즈니스 모델을 구축해왔다. '버진'이라는 하나의 브랜드 아래 음반, 항공, 철도, 미디어 등 서로 관계없어 보이는 다양한 분야의 기업체를 둔 것이다. 오늘날 이런 문어발식 경영은 대체로 부정적으로 여겨진다. 하지만 그는 그렇게 생각하지 않았다. 하나의 기업체를 세우고 나면 실질적인 경영은 다른 인재에게 맡기고, 자신은 계속해서 새로운 사업을 벌여나갔다. 지금은 버진갤럭틱Virgin Galactic을 통해 우주여행 사업까지 추진하고 있다.

사업에 도움이 되긴 하지만 반드시 사업적 이익 때문에 그가 기행을 벌이는 것은 아니다. 이유는 단순하다. 역시나 '재미있기 때문'이다. 브랜슨 회장은 '유머가 제1의 마케팅 원칙'이라고 늘 강조한다. "저는 다소 유치하고 엽기적인 광고를 좋아합니다. 이런 광고는 사람들에게 웃음을 전파하죠. 항상 너무 심각할 필요는 없잖아요."

브랜슨은 세상을 놀라게 하는
기발하고도 유쾌한 퍼포먼스를 통해,
버진이 끊임없이 즐거움을 주는 기업이라는
브랜드 이미지를 세상에 전파했다.
이는 실제로 엄청난 반향을 불러일으키며
매출 상승에 기여했다.

자연도 쇼를 하는 세상,
팔아야 할 것이 있다면 이목을 끌어라

학창 시절 브랜슨은 난독증에 시달리는 학습부진아였고, 결국 고등학교를 중퇴했다. 사회적으로 '평범함'의 기준에 미달하는 소년이었다. 그러나 이미 아홉 살에 크리스마스트리를 파는 사업을 시작한 이래, 그는 도전을 두려워하지 않는 남다른 면모를 보였다.

1967년에는 17세의 나이로 학생잡지 〈스튜던트〉를 창간해 끈질긴 섭외 끝에 존 레넌, 믹 재거 등의 유명인사와 인터뷰에 성공했다. 또한 잡지 판매를 촉진하기 위해 미디어 홍보에 집중했는데, 덕분에 여러 잡지들이 〈스튜던트〉에 호의적인 기사를 내고 메인페이지에 다뤄주기도 했다.

그는 이때 홍보 효과의 가능성을 절실히 깨닫는다. 그가 생애의 많은 시간을 자기 자신과 버진그룹을 홍보하는 데 쓰는 것도 이 때문이다. 그는 말한다. "자연도 쇼를 한다. 꽃과 새, 심지어 딱정벌레도 자신을 뽐낸다. 하물며 경쟁이 치열한 이 세상에서 무언가를 팔아야 한다면, 그것이 무엇이든

간에 반드시 사람들의 이목을 끌어야 한다." 난독증을 앓던 한 소년은 그렇게 사업과 홍보에 눈을 떴고, 이것이 버진제국의 토대가 되었다.

그렇다면 그는 어떻게 해서 '버진'이라는 다소 외설적인 느낌의 브랜드를 만들게 되었을까? 이 브랜드는 한 직원의 아이디어에서 출발했다고 한다. "우리 회사는 사장이나 직원, 일하는 사람 모두 초보자이니 버진virgin이라는 이름을 쓰면 어떨까요?" 이 의견이 받아들여진 후 음반, 항공, 모바일, 철도 그리고 헬스 사업까지 다양한 분야에서 버진그룹은 '고객 중심'을 전면에 내세우며 비교적 저렴한 가격대와 만족스러운 서비스를 제공했고, 위트와 유머가 돋보이는 홍보 전략을 펼쳐왔다.

브랜슨 회장은 이처럼 세간의 주목을 받는 기행을 계속하는 이유를 "버진이기 때문"이라고 말한다. 버진은 직역하자면 '처녀'라는 뜻인데, 버진그룹은 그 이름을 증명이라도 하듯 사람들이 이제껏 가본 적 없는 '처녀지'에 자주 도전한다. 예컨대 최근 버진갤럭틱을 통해 추진하고 있는 민간 상업 우주여행 또한 세계 최초의 시도다.

버진그룹은 수백 개의 계열사를

거느리고 있으면서도

정체되어 있지 않다.

'버진'이라는 큰 정체성 안에서

함께 호흡하면서도

각 계열사가 도전적으로

기민하게 움직이기 때문이다.

이미지의 마법사 브랜슨이 만든 '버진'은
롤스로이스 이래 영국 최고의 브랜드

사업을 모험으로 여기는 리처드 브랜슨은 강력한 독점 기업이 이미 존재하는 분야에도 도전한다. 브리티시에어라인이 독점하고 있던 영국 항공시장에 뒤늦게 뛰어들어 시장점유율 2위까지 끌어올린 것이 대표적인 예다. 그래서 그는 직원들이 불가능해 보이는 일에 도전하는 것을 적극적으로 지지한다. 그 과정에서 실패나 실수를 하는 것에 대해서도 매우 관대하다. 이미 스스로가 수많은 '엉뚱한' 도전과 실패를 거듭해왔으며, 그것을 토대로 성장했기 때문에 실패를 통한 더 큰 도전을 응원하는 것이다.

"우리가 재미있게 잘할 수 있다는 확신이 들면 어떤 대기업이 버티고 있더라도 도전합니다. 그래서 그동안 시장을 점령했던 대기업을 흔들고 이들의 시장점유율을 가져오죠. 그래서 버진은 '로빈 후드 브랜드'라고 불립니다."

브랜슨은 이런 기존의 시장 말고도 수많은 신시장에 진출해서 성공을 거둬왔다. 그의 새로운 시장 개척 방법은 무엇일까? "지금까지 진출하지 않았던 국가에서 사업 아이디어를 얻으려면 우선 버진아틀랜틱이 항공 노선을 개척합니다." 새로 개설된 항공 노선을 통해 그의 기행이 입소문을 타면 그룹의 브랜드 인지도가 높아진다. 그렇게 신시장에서 버진의 정체성이 자리를 잡으면, 브랜슨 회장이 개별 시장에 적합한 아이디어를 발굴하는 작업에 착수하는 식이다.

신사업 발굴 방법 역시 독특하다. 누구나 버진그룹의 홈페이지에 들어가 자신의 신사업 아이디어를 리처드 브랜슨 회장에게 이메일로 보낼 수 있다. 그는 이메일을 직접 확인하고 유망한 사업을 골라 투자한다. 특히 아이디어가 뛰어나지만 자본이 없는 젊은 사람들이 제안할 경우 브랜슨 회장이 직접 투자하기도 한다.

이런 방식 때문에 버진그룹은 수백 개의 계열사를 거느리고 있으면서도 정체되어 있지 않다. '버진'이라는 큰 정체성 안에서 함께 호흡하면서도 각 계열사가 도전적으로 기민하게 움직이기 때문이다.

여기에는 함께 일하는 이들, 즉 사람을 소중히 여기는 브랜슨 회장의 마인드가 큰 역할을 한다. 그는 "나에게는 무엇보다 직원이 최우선이고, 두 번째가 고객이며, 세 번째가 주주다"라고 공언할 정도로 인적자원의 소중함을 역설해왔다. 직원의 행복을 최우선으로 생각하는 경영자답게 칭찬을 통해 동기를 부여하고, 동고동락하면서 파트너십을 나누는 것이 버진그룹의 주요 성공요인이라는 것이다.

최고경영자 자신이 커뮤니케이터가 되어 회사의 전략적인 메시지를 전달하고 이미지를 구축해나가는 PI전략이야말로 지금 이 시대 경영자들이 유념해야 할 부분이다. 특히 인공지능과 4차 산업혁명으로 신기술을 활용한 다양한 스타트업들이 생겨나는 요즘, '버진'이라는 하나의 브랜드 아래 끊임없이 새로운 비즈니스를 펼쳐온 리처드 브랜슨이야말로 적극적으로 벤치마킹할 기업가 모델이 아닐까.

당대 최고의 마케터이자
최고의 브랜드 메이커

스스로 이미 하나의 브랜드가 된 리처드 브랜슨 회장을 빼

놓고 버진그룹을 논하는 것은 무의미한 일이다. 자신의 독특한 퍼스낼리티를 완벽하게 기업 브랜드 아이덴티티로 전이시킨 그를, 마케팅의 대가이자 세계적인 경영사상가 필립 코틀러 Philip Kotler 교수는 '당대 최고의 마케터'라고 칭송했다. 또한 미국의 대표적인 시사주간지 〈타임〉은 리처드 브랜슨을 '이미지의 마법사'로, 버진을 '롤스로이스 이래 영국의 최고 브랜드'로 평가했다.

버진의 모든 브랜드가 성공한 것은 아니지만, 리처드 브랜슨이 브랜드의 중요성을 제대로 알고 탁월하게 활용하는 가장 대표적인 경영자임에는 틀림없다.

그는 불문율처럼 여겨지던 마케팅 및 브랜딩 전략들을 난타하며 새로운 방식으로 브랜드를 창조했다. 그리하여 항공 사업에서부터 콘돔 사업에 이르기까지, 이질적인 300여 개의 사업 영역에서 '버진'이라는 동일한 브랜드 아이덴티티를 사용하는 저력을 보여줬다. 자신이 창조한 브랜드를 기업 경영의 핵심 역량으로 키우는 데 탁월한 능력을 발휘하면서 스스로 마케터가 된 가장 대표적인 경영자인 것이다.

브랜슨 회장은 기업의 전면에 등장하는 것을 두려워하는

최고경영자 자신이

커뮤니케이터가 되어

회사의 전략적인 메시지를 전달하고

이미지를 구축해나가는

PI전략이야말로

지금 이 시대 경영자들이

유념해야 할 부분이다.

리더들에게 조언한다. "좋은 리더는 절대로 책상 뒤에 숨지 않습니다. 오히려 비즈니스 리더는 회사에 얼굴을 자주 보여야 한다고 생각합니다. 임직원들과 음료수를 마시며 솔직하게 터놓고 대화하세요. 그래야 잘못 돌아가고 있는 상황을 파악하고 해결할 수 있습니다."

더 좋은 세상, 더 좋은 지구를 위해
받은 이익을 세상에 환원하다

브랜슨 회장은 책임 있는 기업가인 동시에 사회책임경영 Corporate Responsibility Management의 열렬한 실천가로 활동하고 있다.

그는 2015년 테드TED 강연에서 부가 소수에게 편중되는 문제를 지적했다. 이를 통해 치밀한 전략을 세우고 실행하는 사업가로서의 모습과 함께 자신의 부를 사회에 환원하고자 하는 그의 또 다른 면모를 만날 수 있다.

최근 그의 주요 관심 영역은 환경문제와 사회기부 활동이다. 2006년에 앨 고어(Al Gore, 미국 부통령을 지낸 후 환경운동에 투신해 2007년 노벨평화상 수상)와 만남을 가진 후, 그와 함께 환경문제를 해결하기 위해 노력하고 있다. 또한 각종 사회문제에도 지속적으로 관심을 가져왔다. 제1차 걸프전이 일어났을 때는 원조를 위해 날아갔으며, 스리랑카에서 쓰나미가 발생했을 때에도 세계 빈민구호기관 옥스팸Oxfam과 공조해 원조 전용 비행기를 마련했다.

작은 실천이 어려운 사람들을 돕고 세상을 변화시킬 수 있다는 신념 아래, 버진유나이트Virgin Unite를 설립해 직원과 고객들이 함께 자원봉사를 할 수 있도록 장려하고 있다. 버진유나이트는 일상적인 자선활동뿐만 아니라 아이들을 돕고 교육하는 데도 힘을 보태고 있으며, 남아프리카공화국에 '기업가정신 학교School of Enterprise'를 설립했다.

최근에는 지구 온난화의 주범인 이산화탄소를 흡수하는 장치를 개발하는 사람에게 2,500만 달러의 포상금을 주겠다고 선포해 전 세계인의 주목을 받았으며, 지구 온난화 방지를 위해 재산의 절반인 30억 달러를 향후 10년간 기부하겠다는 계획을 발표해 세상을 놀라게 하기도 했다.

'즐거움'을 최고의 가치로 여기던 기업가 리처드 브랜슨은, 이제 즐거움을 넘어 다른 사람들의 변화에 도움을 주고 싶어한다. 그리고 우리가 사는 세상이, 지구가 더 좋은 곳이 되는 데 기여하고자 한다. 그리고 그의 이런 행보는 고스란히 버진그룹의 행보로 이어지고 있다.

chapter 02

공감과 소통

미국 43~44대 대통령
버락 오바마

경청과 공감을 통해
진심으로 다가서고
전략적으로 활용하다

"다음 세대도 이 나라에서
자신들의 꿈을 이룰 수 있도록 만들겠다는 약속.
그것이 오늘 제가 여기 서 있는 이유입니다."

버락 오바마

"시카고 남부 흑인 빈민가에 글을 못 읽는 아이가 있다면, 비록 제 아이가 아니더라도 저한테는 중요한 일입니다. 어떤 어르신이 약값을 낼까 집세를 낼까 고민하고 있다면, 비록 그분들이 제 할아버지 할머니가 아니라도 제 인생은 가난해집니다. 어떤 아랍계 미국인 가족이 변호사의 도움을 받지 못하거나 정당한 법 절차를 적용받지 못한다면, 그건 제 자유가 위협받는 겁니다. '나는 내 형제를 지키고 내 누이를 지키는 자라.' 이 나라를 움직이는 것은 이런 기본적인 믿음입니다."

남다른 삶 속에서 정립된 정체성,
'이웃되기'라는 키워드를 탄생시키다

혼혈 흑인 인권변호사 출신의 무명 의원 버락 오바마Barack Obama를 일약 슈퍼스타로 만들어준 2004년 미국 민주당 전당 대회 연설의 한 대목이다. 그는 이처럼 자신이 국민을 부모와 자식, 형제자매로 느끼듯이, 대중이 자신을 이웃이라고 느끼게 하는 데 모든 역량을 쏟아부었다. 어떻게 보면 매우 간단한 이야기 같지만 실제론 그리 간단치 않았다. 이미 계층화되어 있고 구조화된 현대 미국 사회에서, 정치인이 사람들에게 가장 인간적이고 본질적인 관계로 받아들여지기 위해서는 모든 것을 바꿔야 했다.

이 연설 이후 불과 4년 만에 버락 오바마는 미국 대통령이 된다. 12년이라는 짧은 정치 경력, 미국 정치계에 여전히 견고했던 흑인에 대한 차별과 편견을 극복하고, 역사상 첫 흑인 대통령으로서 백악관에 입성한 그는, 국민들의 진정한 이웃으로 자리매김하기 위해 전략적으로 자신과 세상을 바꿔나가기 시작했다.

2009년 1월 20일 전 세계는 미국 역사상 첫 흑인 대통령인 버락 오바마의 취임을 지켜보았다. 사실 대통령선거가 있기 1년 전까지만 해도 버락 오바마의 백악관 입성을 예상한 사람은 거의 없었다. 그는 1996년 일리노이주 주의회 상원의원에 당선되면서 정치에 입문했고, 2005년에야 연방 상원의원에 선출되어 중앙 정계에 등장했다. 이렇듯 일천한 정치 경력의 오바마가 화려한 경륜과 막강한 조직력은 물론 자금력까지 갖춘 힐러리 클린턴을 대선 후보 경선에서 이기고 대통령이 된 것은 가히 기적이 아닐 수 없었다.

2008년 민주당 대선 후보 경선과 대선 과정에서 보여준 오바마의 PI전략은 매우 인상적이다. 그가 대통령에 당선된 것은 물론, 이후 4년 더 연임하고 성공적인 대통령으로서 퇴임하기까지, 그 이면에는 탁월한 PI전략이 있었다.

오바마는 케냐 출신 하와이대학 유학생이었던 흑인 아버지와 백인 어머니 사이에서 태어났다. 부모의 결별 이후 인도네시아인과 재혼한 어머니와 함께 5년 동안 인도네시아에서 살았고, 이후 하와이에서 10대 시절을 보낸 그는 '흑인'이라는 정체성 때문에 한동안 방황했다.

오바마는 자신의 삶 속에서
"우린 할 수 있습니다(Yes, We Can)"라는
메시지를, 그리고 자신의 정체성을 통해
'하나의 미국'이라는 목표를 이끌어냈다.

그러나 아버지의 죽음을 계기로 방황을 끝내고 자신이 꿈꾸는 사회를 만들기 위한 노력을 시작했다. 그는 피부색이나 돈의 많고 적음에 따라 차별당하지 않는 사회를 꿈꿨으며, 그 꿈은 '지역공동체를 중심으로 이웃되기'라는 변화를 통해 실현 가능할 것이라고 해석했다.

컬럼비아대학교 정치학과를 졸업한 그가 시카고에서 주택과 교육 문제 등을 해결하기 위한 지역사회 운동을 시작한 것은 그 노력의 첫걸음이었다. 지역사회 운동을 하면서 법률 지식의 필요성을 느낀 그는 하버드대학 로스쿨에 진학했다. 졸업 후 다시 시카고로 돌아와 인권변호사로 활동하면서도 지역사회에 대한 관심을 놓지 않았다.

태생적으로 그리고 후천적으로 남다른 삶 속에서 정립된 그의 정체성은 그가 다양한 인종이 더불어 살아가는 미국이라는 나라의 나아가야 할 방향을 고민하는 과정에서 더 큰 의미를 갖게 되었다. 그는 자신의 삶 속에서 "우린 할 수 있습니다Yes, We Can"라는 메시지를, 그리고 자신의 정체성을 통해 '하나의 미국'이라는 목표를 이끌어냈다.

그리고 대선 과정에서 '이웃되기'라는 키워드를 다양한 전략으로 미국인들의 가슴에 새겨넣었다. 선거 구호와 연설, 블로그를 통해 뚜렷한 비전을 제시하고, 이를 소셜미디어와 문화예술을 통해 널리 알림으로써 지지층을 확산시켰다.

소셜 대통령,
그는 어디에나 있다

정치인의 온라인 미디어 활용 전략은 버락 오바마 전과 후로 나뉜다. 그만큼 오바마는 소셜미디어 활용에 탁월한 역량을 보여주었다. 먼저 지지자들이 온라인에서 결집할 수 있도록 블로그 마이보(MYBO, 'MyBarackObama.com'의 줄임말)를 만들었다.

마이보에는 일반인들이 오바마에게 전달하고 싶어하는 메시지를 남길 수 있는 창을 마련했다. 하지만 일방적인 소원 접수창구가 아니라 정책과 비전을 이해하고 더 좋은 제안을 할 수 있도록 시민권, 여성, 경제, 의료, 세금 등 주요 정책에 대한 입장을 상세하게 정리해놓았다. 그리고 오바마를 이웃으로 느끼고 받아들일 수 있도록, 평범한 일상생활을 담은 동영상들을 대범하게 올려두었다. 오바마는 당신과 비슷한 고민을 해왔고 당신의 옆집에 살고 있으며 당신이 먹는 햄버거의 맛을 같이 느끼며⋯ 그런 당신의 이웃이 대통령이 될 수도 있다는 내용이었다.

그리고 페이스북, 트위터 등의 대문에는 이런 기막힌 배너가 반짝이고 있었다. "오바마는 어디에나 있다!"

어떤가?

내 이웃이 대통령이 될 수도 있다는 설렘에 박스를 클릭하는 방문자가 급증했고, 대중은 점점 오바마와 이웃이 되어가고 있었다.

선거 유세가 끝날 무렵, 오바마는 페이스북에 380만 명의 후원자, 유튜브에 151,000명의 구독자, 트위터에 165,000명의 팔로워를 두고 있었다. 그리고 100만 명이 넘는 온라인 기부자들에게서 2억 달러가 넘는 선거자금을 모금했다.

어느 나라나 선거에서 대중문화인들의 지지를 얻는 것은 매우 중요하다. 이들은 대중들에게 널리 알려져 있고 여론의 관심이 집중되어 있으므로 메시지를 전달하기가 쉽다. 특히 정치 참여에 제한적인 요소가 없는 국가일수록 문화예술인들의 정치적 참여는 더욱 순수하다. 오바마의 '이웃되기' 전략은 문화예술인들의 자발적이고 순수한 참여를 이끌어내기에 충분했다.

힙합음악가인 윌아이엠will.i.am이 오바마의 연설을 가사로 만든 〈Yes, We Can〉이라는 노래는, 밥 딜런의 아들인 영화감독 제스 딜런Jesse Dylan이 연출하고 40여 명의 유명 가수와 배우 등이 동참한 뮤직비디오로 만들어졌다. 이 영상은 유튜브 등을 통해 전 세계로 확산되어 큰 화제가 되었다. 또한 그래픽디자이너 셰퍼드 페어리Shepard Fairey가 개인적인 지지의 뜻으로 디자인한 'HOPE'는 포스터와 배지 등으로 불티나게 팔렸다.

진심이 담긴 연설로
국민의 마음을 움직이다

2015년 6월 미국 찰스턴 흑인교회 총기난사 사건 희생자

정치 참여에 제한적인 요소가 없는
국가일수록 문화예술인들의
정치적 참여는 더욱 순수하다.
오바마의 '이웃되기' 전략은
문화예술인들의 자발적이고 순수한
참여를 이끌어내기에 충분했다.

들을 위한 추도식에서 추모 연설을 하던 버락 오바마 대통령은 갑자기 침묵했다. 그의 나지막한 숨소리에는 눈물이 배어 있었고, 잠시 후 그는 노래를 부르기 시작했다.

"어메이징 그레이스~"

반주도 없이 시작된 그의 노래는 곧 그 자리에 있던 추모객들의 목소리와 합쳐져 추도식장을 가득 메웠다. 오바마는 죄를 사해준 신의 은총에 감사한다는 내용의 '어메이징 그레이스'라는 노래를 통해 인종 갈등과 반목을 넘어선 화합과 통합의 메시지를 보냈다. 대통령이 슬픔에 잠긴 대중을 상대로 정해진 틀 안에서 할 수 있는 경건한 연설을 넘어 진심을 담은 형식을 창조함으로써 정서적 이웃되기를 실천해낸 것이다.

모든 커뮤니케이션 행위는 수용자가 가슴에 그 메시지를 담았을 때 비로소 완성되는 상호작용이다. 오바마는 누구보다 이런 보편적 진리를 명확하게 알고 있었고, 리더가 일방적으로 메시지를 던지고 대중이 알아서 소화하는 전통적인 방식을 경멸했다. 2004년 민주당 전당대회 기조연설을 시작으로 얼마 전 시카고에서 했던 고별연설까지, 그의 연설은 형식도 다양하고 우리집이나 이웃집이나 모두가 겪을 수 있는 희로애락이 자연스럽게 배어 있었다. 마치 연설을 듣고 있는 것이 아니라 그와 대화하고 있는 것 같은 느낌이라는 청중들의 말은, 그만큼 공감한다는 뜻이다.

그렇다고 오바마의 메시지가 늘 따뜻하고 보드라워서 박수를 받았던 것은 아니다. 내가 억울한 일을 당했을 때 똑똑하고 강단 있는 이웃이 대신 나서서 싸워준다면 얼마나 든든하고 믿음직할 것인가. 통치행위는 모든 국민의 마음을 보듬는 일이기도 하지만, 때로는 소수의 약자를 보호하는 등 대의의 공정함을 끌고 갈 수 있는 힘이 있어야 한다.

오바마가 메시지를 통해 대의적 통치행위를 이끌어낸 대표적인 사례가 일명 '오바마 케어'로 불리는 의료보험 개혁안과 최저임금 인상안이다. 그는 난소암에 걸려 죽음을 두려워하면서도 병원비를 걱정했다는 이웃의 이야기를 통해 우리에게 중요한 것이 과연 무엇인지 되물었다. 또한 최저임금 인상안을 격렬히 반대하는 이들에게는 이렇게 일갈했다.

"1년 내내 일해서 버는 15,000달러로 가족을 부양할 수 있다고 믿는다면, 당신들이 먼저 그렇게 해보라."

모든 커뮤니케이션 행위는

수용자가 가슴에

그 메시지를 담았을 때 비로소 완성되는

상호작용이다. 오바마는 누구보다

이런 보편적 진리를

명확하게 알고 있었고,

리더가 일방적으로 메시지를 던지고

대중이 알아서 소화하는

전통적인 방식을 경멸했다.

이 연설 이후 정부 정책의 타당성 여부를 떠나 대통령 오바마의 지지율이 90퍼센트까지 치솟았다. 국민들은 오바마에 대한 지지를 정부 정책의 신뢰도와 직접 연관 지어 받아들였다. '문제를 잘 알고 있고 문제 해결에 분명한 의지를 지닌 지도자'라는 PI가 동일한 키워드를 가진 국가와 정책까지 신뢰하도록 만든 셈이다.

오바마의 연설에는 유머와 재치가 있다. 퇴임 연설을 시작하려는데 청중들이 눈물과 박수를 멈추지 않자 이렇게 말했다.

"아무도 말을 듣지 않으니 정말 레임덕이네요."

듣는 이가 웃을 수 있는 내용, 고등학교 1학년 정도의 수준이면 알아들을 수 있는 난이도, 동떨어진 곳에서 일어나는 남의 일이 아니라 나와 내 이웃이 직접 연관된 주제… 그래서 오바마의 연설은 이웃이 전하는 국정 운영의 메시지인 것이다.

"우리가 맞닥뜨린 도전에 대해 여러분에게 솔직하게 말할 것입니다. 여러분과 의견이 일치하지 않을 때에 더욱더 여러분의 의견에 귀 기울이겠습니다."

당선 연설이지만 오바마와 그의 행정부가 어떤 모습으로 국민을 대할 것인지, 최종적으로 어떤 행정부로 남을지를 보여주는 핵심 국정운영 지표다. 국가가 기업과 다른 점은, 국민을 선택할 수는 없다는 것이다. 기업은 대중에게 제품을 많이 팔기 위해 마케팅을 하지만, 그렇다고 그것을 소비하지 않겠다는 의지가 분명하거나 다른 물건을 소비하겠다는 고객까지 모두 함께 끌고 갈 필요는 없다. 그러나 국가는 절반의 지지를 얻어 선출된 정부라도 모든 국민을 상대로 정책을 펼쳐야 한다.

이 당선 연설은 오바마를 뽑지 않은 다수의 국민들에게 국가의 기본적인 당위를 천명하고 있다. 더불어 나의 의견에 동의하는 지지자보다 반대하는 이들의 의견을 경청하는 데 훨씬 많은 시간과 정성을 들여야 한다는, 당연하면서도 어려운 커뮤니케이션의 속성을 함께 일할 스태프들에게 이야기하고 있다. 나아가 솔직할 것, 차이를 인정할 것, 그래서 상대의 생각이 내 생각보다 사실에 가깝거나 유효한 해법이면 수용할 것, 그리고 상대와 함께 같은 목표를 향해 갈 것을 주문한 것이다.

오바마식 소통의 핵심은
솔직함, 배려, 경청이다

국정을 운영하고 정책을 수행하는 힘은 무엇인가? 다양한 요소가 있겠지만 가장 우선하는 것은 역시 국민의 지지도다. 국민이 리더와 정부를 얼마나 신뢰하고 좋아하는지에 따라 정부가 할 수 있는 일이 달라진다는 뜻이다. 결국 국가와 행정부는 국민의 마음을 사로잡으려면 어떻게 해야 할지를 알아야만 일을 할 수 있다는 의미이기도 하다.

오바마에게는 그 방법의 하나가 '배려'와 '탈권위'였다. 청소부에게 주먹인사를 건네는 오바마 대통령의 사진을 본 적이 있는가? 꼭 해주어야 할 말이 있다는 편지를 보낸 여성과 식사를 했다는 기사를 읽은 적이 있는가? 자신의 머리를 만져보고 싶어하는 직원의 아이에게 허리를 굽히고 머리를 내어주는 영상은 어떤가?

PI를 담당하는 스태프가 전략적으로 내놓은 작품일 수도 있지만, 그조차도 오바마는 자연스럽다. 그 사진을 누군가가 찍었다는 사실과 필요한 어느 타이밍에 내놓았다는 것은 전

오바마가 국민의 마음을
사로잡은 방법 중 하나는
'배려'와 '탈권위'였다.

략적일 수 있지만, 그 속의 오바마는 늘 그러했던 이웃임을 부인할 수 없다. 자신의 골프 때문에 그곳에서 예정되어 있던 결혼식이 늦춰진 사실을 알고는 직접 신랑과 신부를 찾아가 진심으로 사과한 일화도 있다. 이렇게 일상생활처럼 반복되는 일들은 오바마에게는 더 이상 어색하지도, 설정처럼 거북하지도 않다.

2009년 취임한 이후 2017년 퇴임할 때까지 오바마는 하나의 핵심 키워드에 집중했다. 바로 '이웃되기'다. 당신과 나는 다른 사람이 아니며, 당신의 이웃에 내가 있다는 사실을 당신이 알아주었으면 한다!

"제가 여러분들과 나눈 대화는 저를 정직하게 했고, 영감을 주었으며, 저를 계속 지켜줬습니다. 매일 저는 여러분으로부터 배웁니다. 여러분이 저를 더 나은 대통령으로, 더 나은 사람으로 만들었습니다. … 저는 멈추지 않을 것입니다. 저는 시민으로서 남은 평생 동안 늘 여러분과 함께 있을 것입니다."

chapter 03

상생의 미래

카카오 의장
김범수

미래 기업 CEO가 가져야 할
두 가지 태도

"게임의 룰이 바뀌었다면
업을 찾아가는 과정 또한 새롭게 바뀌어야 한다."

김범수

우리나라 사람들이 스마트폰을 새로 산 후 가장 먼저 다운로드하는 앱은 무엇일까? 바로 '카카오톡'이다. 세대를 불문하고 대한민국의 모든 사람들이 카카오톡으로 일상과 업무를 영위한다. 이렇게 대한민국 국민들을 손쉽게 연결시킨 앱을 만든 이가 바로 카카오의 김범수 의장이다.

그는 우리나라 IT 비즈니스의 거물이자 미래의 방향을 제시하는 인물로 평가받는다. 게임산업이 막 태동하던 시절 '한게임'을 만들어 그야말로 '대박'을 쳤고, 이후 '국민 메신저' 카카오톡을 만들면서 다음커뮤니케이션을 인수합병했다. 그리고 4차 산업혁명 시대에 진입한 지금, 초연결(超連結)과 인

공지능의 선도적인 역할을 수행하기 위해 혁신의 승부사적
인 면모를 다시 한번 발휘하고 있다.

산업을 선도하는 개척자이자
비전을 제시하는 선구자 이미지

　김범수 의장은 CEO로서 독특한 아이덴티티를 갖고 있다.
특정 기업의 리더라기보다는 큰 틀의 산업을 선도하는 개척자
이자 방향을 제시하는 선구자적인 지향성을 보이는 것이다.
　각 분야 리더들 본인이 사업을 영위하는 산업분야의 미래
를 예측하고 대응하는 것은 자연스러운 일이다. 하지만 국가
와 경제라는 넓은 범위의 미래를 관통하는 안목과 실행력을
갖추기란 쉽지 않다. 김범수 의장은 바로 그것을 겸비한 새
로운 형태의 혁신가다.
　그렇다면 김범수 의장의 근본적인 생각은 어떤 것일까?
그는 과연 어떤 생각으로 사업을 일으키고 산업을 이끌고
있을까? 이것이 김범수 및 카카오가 가지고 있는 PI의 기본

김범수 의장은 CEO로서
독특한 아이덴티티를 갖고 있다.
특정 기업의 리더라기보다는
큰 틀의 산업을 선도하는 개척자이자
방향을 제시하는 선구자적인
지향성을 보이는 것이다.

이고 핵심적인 키워드이며, 카카오가 사용자들에게 해줄 수 있는 일들이다. 또한 사용자 및 사람들에게 기억되고 싶어하는 모습이다.

"아무리 길어도 6개월 이상의 미래를 예측해 계획을 세우고 일하지는 않습니다."

김 의장은 미래를 살고 있지만, 기본적으로 철저한 현실감을 바탕에 두고 산다는 의미다. 한 걸음 앞서면 성공하지만 두 걸음 앞서 뛰면 실패한다. 두 발이 모두 땅에서 떨어져 있으면 하늘에 뜬 구름을 잡듯이 허황된 미래를 꿈꾸게 된다. 한 발은 땅을 딛고 다른 한 발로 가고자 하는 미래로 나아가는 것, 즉 현실에 대한 감각을 바탕으로 미래를 개척하는 것이다. 그래서 김범수 의장의 핵심 키워드는 '현실적 몽상가'라고 할 수 있다.

그는 대의명분을 위해서가 아니라 필요에 의해 사업을 시작했다. 대기업에서 일할 때에도 프로그래밍 실력이 탁월한 다른 직원들과 경쟁하기 어렵다는 현실적인 판단에 따라 윈도우에 집중했고, 몇 개월 뒤에 기회를 잡았다. PC방 사업, 게임 개발, 카카오도 역시 철저하게 현재의 필요를 미래에 실현한 것이다. 결과적으로, 현재의 필요에 목말랐던 사람들은 미래를 현실로 만들어주는 그에게 '시대를 앞서나가고 산업을 선도한다'는 믿음을 갖게 되었다. 그리고 현실적 몽상가인 그가 손대는 무엇인가에서 내 삶의 변화를 찾는 일상을 살아가고 있다.

그는 여전히 현실에 발을 딛고 미래를 만들어가는 몽상가지만, 발밑만을 보지는 않는다. 누구나 돈을 벌어 먹고사는 문제가 웬만큼 해결되면 큼직한 어젠다에 눈이 갈 거라고 생각하지만, 꼭 그렇지는 않다. 단순히 나와 내 가족, 주변을 벗어나 거대담론으로 진입하려면 안목이 있어야 한다.

이런 담론은 자칫 능력을 넘어서거나 허황되기 쉬워서 섣불리 덤벼들었다가는 상처만 남게 된다. 아무리 현실에 기반한다고 해도 예측이란 틀리기 쉽고, 또 현실성과 기대 사이에서 균형을 찾기가 매우 어렵기 때문이다. 특히 IT를 중심으로 하는 4차 산업혁명 시대에는 제품과 용역의 주기가 매우 짧아서 지금 미래를 예측하기보다는 이미 준비하고 있는 현재에 집중하는 것이 더 유효할 수 있다.

그래서 국가, 국민 생활, 경제 등의 큰 어젠다를 현실에 기

이 시대 리더의 능력은
단순히 답을 던지는 게 아니라
'어떤' 문제를 풀어야 할지
찾아내는 것이다.

반해서 예측하고 미래를 열어가는 역할은, 돈이 있다고 해서 누구나 할 수 있는 일이 아닌 것이다.

현상을 해석하는 나만의 관점이
미래를 예측하고 만들어낸다

김범수 의장에게 사람들은 늘 묻는다.

"어떻게 하면 미래를 예측할 수 있습니까?"

"미래를 예측하는 최고의 방법은 그 미래를 스스로 창조하는 것입니다."

김 의장의 대답에는 두 가지 함의가 담겨 있다. 첫째, 미래는 예측하기 어렵다는 것이다. 변수가 너무 많고, 외부적 변인을 통제하기는 불가능하기 때문이다. 다시 말하자면, 통제 가능 변인과 불가능 변인을 구분하고, 자신이 통제할 수 있는 변수에 집중해야 한다는 의미다. 둘째, 자신의 현실에 기반해서 자신이 감당할 수 있는 '현실적 미래'를 그리라는 것이다. 누군가는 새로운 세상을 꿈꾸고 다른 누군가는 그런 미래를 실현하겠지만, 내가 만들 수 있는 나의 미래는 나한테 달려 있다.

김범수 의장은 스스로 미래를 예측하고 창조해왔다. 먼 미래를 내다보며 새로운 것을 만들기보다는 현재의 흐름을 놓치지 않는 데 집중했기 때문에 가능한 일들이었다. 그래서 그는 문제를 해결하는 능력보다 문제를 인지하는 능력, 즉 문제를 정의하고 해석하는 능력이 더 중요하다고 강조한다.

그가 삼성SDS에서 일할 당시 동료들은 프로그래밍에 집중했지만, 그는 윈도우 기반의 유니텔 사업에 자원했다. 우리나라에 인터넷이 막 태동하던 시기에는 회사를 그만두고 '한게임'을 개발했다. 그리고 아이폰이 출시되자 모바일 메신저 카카오로 플랫폼을 만들어냈다. 이처럼 자신만의 관점으로 현상을 해석하고, 모두가 필요로 하는 것을 창조해내는 힘은 '현실 인식'과 '예측'에서 나온다.

지금 시대에 미래를 예측하는 것은 정보의 양이 아니라 공개된 정보를 해석하는 능력에 달려 있다. 정보는 여기저기 차고 넘친다. 그 정보들을 선별해 유의미하게 해석하는 능력이 미래를 예측하는 힘이다.

사람들이 무엇을 불편해하는지, 함께 꿈꾸는 미래는 어떤 세상인지, 기술의 수준은 어디까지 발전할 것인지… 이 모든 예측은 현실에 대한 관찰과 통찰에서 출발하고, 정보를 해석하는 능력에 의해 완성된다. 그래서 김 의장은 이 시대 리더의 능력은 단순히 답을 던지는 게 아니라 '어떤' 문제를 풀어야 할지 찾아내는 것이라고 지적한다.

자본과 이윤 논리에서 벗어나
다음 세대를 위한 기회와 토대를 마련하다

"인터넷과 스마트폰이 우리 삶을 통째로 바꿔놓았고, 인간과 기계가 경쟁하는 시대가 됐지만, 사람들은 여전히 지식노동자를 대량으로 길러내는 교육 패러다임에 머물러 있다. 게임의 룰이 바뀐 만큼 업을 찾아가는 과정 또한 새롭게 바뀌어야 한다. 스타트업캠퍼스는 룰이 바뀐 현대에 젊은이들이 모여 고민하고 체험하면서 업을 찾아가는 공간이 돼야 한다."

스타트업캠퍼스 1기 입학식에서 김범수 의장이 한 말이다. 그가 만든 카카오는 이런 고민의 산물이다. 카카오톡은 사용자를 중심으로 '캠퍼스'를 만든다. 대한민국 전체가 될 수도 있고, 둘만의 캠퍼스가 될 수도 있다. 이를 통해 연결과 초연결이 실현되며 정보와 거래가 흐른다. 김 의장은 돈을 직접 벌기 위한 툴을 만들지 않았다. 캠퍼스를 이용하는 사람들 사이에 경제활동이 일어나고 돈을 벌 수 있는 플랫폼을 만들었다.

"꿈이 묶여 있는 젊은이들이 그 꿈을 훨훨 펼칠 수 있는 플랫폼이 되길 바란다."

카카오의 목적을 직접 이렇게 밝혔던 김범수 의장은 스타트업캠퍼스 또한 같은 맥락임을 확인한다.

"내가 교육을 바꿔놓을 수는 없지만 혁신가들을 불러 네트워킹을 시키고 빨리 새로운 교육 패러다임으로 넘어갈 수 있도록 가속화하는 데 일조할 것이다."

기업인이 자본과 이윤이라는 한정된 틀을 벗어나 다음 세대를 위한 기회와 토대 마련에 힘쓰는 것은 그 기업의 가치를 완전히 다른 층위로 올려놓는다. 카카오는 '스타트업캠퍼스'와 '소셜임팩트' 등으로 사회적 책임을 다하는 방법을 모색하고 있다.

"사건 A가 발생했는데 한 발 앞서 사건 B에 주목하는 것, 그리고 질문을 던지는 것, 이것이 바로 남들이 모르는 세상의 비밀 하나를 가질 수 있는 비결이다. 딱 6개월만 앞서 다르게 보고 질문을 던지면 웬만한 건 다 준비할 수 있다."

현실에 항상 깊숙이 발을 담그고 미래를 꿈꾸는 몽상가 김범수, 그는 지금 무엇을 보고 있을까? 결론부터 말하자면, AI에 완전히 빠져 있다. 인공지능을 곧 다가올 현실로 보고 모든 역량을 거기에 집중하고 있다. 그와 저녁을 먹기로 한 날, 그는 여전히 차분했지만 흥분해 있었다.

"요즘 하루에 세 시간 자. 졸려서 자고, 일하고 싶어 일어나면 서너 시간 지나 있어. 그래도 하나도 안 피곤해. 나는 요즘 인공지능이 제일 재밌어!"

돈으로 할 수 있는 건 다 할 수 있을 만큼 가졌고, 물려받은 게 없기 때문에 고생도 할 만큼 해봤다. 그렇게 자수성가한 이들은 일반적으로 보상심리가 있어서 큰 성공 이후의 동기부여가 쉽지 않다. 이런 면에서도 김 의장은 특별한 사

딱 6개월만 앞서

다르게 보고

질문을 던지면

웬만한 건 다 준비할 수 있다.

람이다. AI로 미래를 변화시키겠다는 동기가 매일 서너 시간 눈을 붙이고도 재미있어서 눈이 떠지도록 만드는 것이다.

"작은 회사든 아니면 국가든 인공지능과 초연결로 모든 행정 프로세스를 운영하는 실험을 고민한다."

현실적 몽상가인 김 의장은 차원이 다른 꿈을 꾸고 있다. 모든 전략은 철저하게 사상으로부터 출발한다. 김 의장의 PI 전략에는 그가 중요하게 여기는 가치가 고스란히 담겨 있고, 두 개의 날개가 붙어 있다. 하나는 현실과 이어지는, 사실에 기반한 미래 예측이다. 이를 통해 무엇이 필요하고 어떤 변화가 가능한지 목표를 설정할 수 있다. 다른 하나는 속도다. 기술적인 발전과 더불어 변화는 속도로 인해 제자리를 찾을 수 있다.

chapter 04

미래 지향

테슬라모터스 CEO
일론 머스크

가상과 현실의 경계에서
미래를 꿈꾸다

**"나는 결코 실현 가능한 목표를 세우지 않는다.
목표가 실현 불가능하지 않으면 의욕이 떨어진다."**

일론 머스크

2018년, '미래의 설계자'라 칭송받던 일론 머스크Elon Musk는
어쩌다 한낱 시시한 사람이 되었는가? 테슬라Tesla 자동차에
불이 나면서 안정성에 흠집이 났고, 태양광을 비롯해 그가
거느린 사업들에 대해서 시장은 주가 폭락으로 반응했다. 기
다렸다는 듯이 여기저기서 '그럴 줄 알았다'는 비아냥이 쏟
아졌고, 일론 머스크라는 인물과 그의 사업은 거품이었다는
그럴듯한 리포트들이 흘러나왔다.

"기계의 능력을 너무 과신했고 인간의 능력을 제대로 못
보았다."

일론 머스크는 반성문을 내놓았다. 로켓이 몇 번 폭발했을

때도, 돌려막기로 자동차를 만들고 있다는 비난을 들을 때도 눈 하나 깜짝했던가? 세계가 AI 시대를 영접하는 지금도, 인공지능은 재앙이라며 페이스북의 저커버그와 설전을 벌이던 그가 고개를 숙인 것이다.

그런데… 왜 시장과 소비자들은 그의 반성을 달가워하지 않을까? 더 정확히는 일론 머스크의 반성에 내 꿈을 잃는 것 같은 마음이 드는 이유는 뭘까? 기업을 운영하는 리더가 시행착오를 겪고 잘못을 시인하고 교정해가는 과정은 매우 일반적인데 말이다. 다시 생각해보면, 이것이 바로 일론 머스크라는 사람이 세상에 존재하는 포지션이고, 그에게 사람들이 기대하는 바인 것이다.

'나 대신 꿈을 꾸는 사람.'

일론 머스크의 핵심적인 키워드는 '꿈을 꾸는', '꿈에 다가가는' 이다. 그가 갖는 특별함은 '꿈'이라는 단어에 있다. 흔히 말하는 개인의 목표와 미래를 대신하는 단어가 아니다. 많은 사람들의 상상 속에 있는 미래의 세상을 그는 꿈꾸었다. 그리고 놀랍게도 그런 꿈이 하나씩 실현되면서 사람들이 갖게 된 더 큰 가능성에 대한 기대가 일론 머스크의 가장 중

'나 대신 꿈을 꾸는 사람.'
일론 머스크의 핵심적인 키워드는
'꿈을 꾸는', '꿈에 다가가는' 등이다.
그가 갖는 특별함은
'꿈'이라는 단어에 있다.

요한 자본이 된 것이다. 그래서 그에 대한 시장의 부정적인 평가가 마치 내 꿈과 상상이 꺾인 것 같은 아쉬움으로 이어진 것이다.

그리고 그런 일론 머스크이기 때문에, 그가 시도한 그리고 지금도 이루어지고 있는 그의 꿈을 리뷰하는 것은 의미가 있을 것이다. 그의 사업적인 성패를 떠나서 말이다.

"내가 어떻게 생각하느냐가 인류의 미래에 지대한 영향을 미칠 것이다."

테슬라모터스의 최고경영자이자 스페이스X 우주 사업의 지휘자인 일론 머스크. 2025년까지 인류의 화성 진출을 목표로 계속 우주선을 쏘아올리는 그는 꿈을 좇는 허황된 돈키호테 같다. 하지만 2010년 스페이스X는 민간 우주선 '드래곤'을 개발했고, 지금은 우주정거장ISS으로 화물을 운반하고 있다. 그뿐 아니다. 2014년에는 우주택시 '드래곤 V2'로 기대를 모았고, 2018년에는 인간과 화물을 달과 화성에 실어나를 수 있는 초대형 로켓인 '팰컨헤비Falcon Heavy' 발사에 성공하면서 확신을 주었다.

대담하고 탁월한
미래형 모험가 CEO

"우리는 방법을 하나 또 알아냈습니다. 또 준비합시다!"

일론 머스크가 로켓 발사에 실패한 직후 직원들에게 한 말이다. 전 세계가 그들의 실패를 지켜보았고, 공중분해된 로켓은 일론 머스크의 자신만만함을 비꼬기에 충분했으며, 그와 그를 추종하는 이들의 눈물을 기대하기에도 어색하지 않았다. 하지만 그는 진심으로 실패라고 생각하지 않았고, 도전이라고 믿었다. 그래서 당연히 관제소에서 눈물을 흘리는 직원들에게 망설임 없이 그다음에 무엇을 해야 하는지 말한 것이다.

오늘날에도 대부분의 기업은 오너나 CEO의 방침에 따라 비전이 정해지는 경향이 있다. 그 방향과 목표도 CEO가 사업을 바라보는 관점을 반영해 설정된다. 일론 머스크는 테슬라와 스페이스X를 자신의 PI와 동일한 비전과 목표를 가진 기업으로 만들었다. '미래지향적'인 '미래의 설계자'로서 이 두 회사가 지향하는 방향은 CEO인 일론 머스크가 시장에서 인식되는 정체성과 동일하다.

이렇게 미래지향적이고 도전적인 DNA를 기본으로 심어 놓으면, 시장도 실패에 관대해진다. 실패를 도전의 과정으로 여기기 때문이다. 그런데 대부분은 이런 PI를 인정받기 전에 기업이 힘들어지면서 시장과 투자자의 신뢰를 잃기 때문에 섣부르게 구사할 수 있는 전략은 아니다.

그럼에도 불구하고 머스크는 CEO로서 자신이 장기간에 걸쳐 힘겹게 구축한 PI를 기업에 그대로 전이함으로써 비전의 동일체를 이뤄냈다. 그는 자신과 함께 자신의 회사들을 브랜드로 묶었고, 테슬라와 스페이스X의 기업 이미지를 제고시켰으며, 결국 동일한 아이덴티티를 인정받게 되었다.

그 일화 가운데 하나를 보자. 스페이스X가 국제우주정거장에 도킹한 후 머스크는 취재진을 대거 초대했는데, 그 자리에 자줏빛 벨벳 재킷을 입고 주먹으로 캡슐을 열면서 화려하게 등장했다. 영화 〈아이언맨〉 속 토니 스타크를 연상시키는 그의 퍼포먼스는 '내가 바로 미래에 가장 먼저 도착한 사나이'라는 메시지를 주었다. (사실 토니 스타크의 실제 모델이 일론 머스크다.) 언론들은 그의 대담한 모험을 두고 '상상을 초월하는 원대한 꿈이자 우주적 부름'이라 전했다.

"나는 결코 실현 가능한 목표를 세우지 않는다. 목표가 실현 불가능하지 않으면 의욕이 떨어진다."

자신의 꿈을 실현하기 위해 그는 전부를 걸었고, 여전히 미래를 향해 올인하고 있다. 현재의 자신을 미래로 몰아붙이고, 자신의 회사도 자신과 같은 정체성을 가진 기업으로 성장시켰다. 전기차, 우주선, 태양광 등 자신의 꿈에 더 가까운 아이템들이 그의 PI와 동일한 DNA가 이식된 사업체를 통해 실현되고 있는 것이다.

머스크는 지도자의 시대적 화두, 과학자의 혁신적인 개발력, 사업가로서의 지속 가능한 비즈니스 모델까지 제시하면서 미래를 향한 도전을 멈추지 않았다. 그는 '테슬라와 솔라시티의 합병'이라는 승부수도 띄웠다. 테슬라를 전기차 회사가 아닌 '에너지 회사'로 탈바꿈시킨다는 비전을 갖고 있기 때문이다. 그의 뜻대로 된다면, 테슬라는 전기차 브랜드가 아니라 명실상부한 신재생 에너지의 종합 솔루션 회사로 변모하게 될 것이다.

시장은 역시 뜨겁게 반응했다. 주주들은 전폭적인 지지를

미래지향적이고 도전적인 DNA를
기본으로 심어놓으면,
시장도 실패에 관대해진다.
실패를 도전의 과정으로
여기기 때문이다.

보냈고, 태양광 루프가 내장된 테슬라 '모델S'가 도심을 질주할 것이라고 기대했다.

"화성 이주 계획의 가장 중요한 조건은 비용을 획기적으로 줄여야 한다는 것이다. 지금은 한 명당 100억 달러(약 11조 원) 정도 소요되지만, 앞으로 20만 달러까지 낮출 수 있을 것이다."

머스크는 인류의 화성 이주 프로젝트를 완성하기 위해서도 빠르게 움직이고 있다. 그 가운데 '발사체 재활용' 계획은 그동안 한 번 쓰고 버리던 발사체를 재활용해 비용을 절감하겠다는 것이다. 또한 연료도 액체수소 대신 저렴한 메탄을 쓰는 방식으로 비용을 줄이겠다고 발표했다.

오바마 대통령은 "화성 탐사 계획을 정부 차원에서 공식화하겠다"고 선언했고, 미국 항공우주국은 차세대 유인우주왕복선 개발 사업체로 스페이스X를 선정했다. 화성 이주 계획이 '근거 없는 몽상'에서 '실현 가능한 미래'로 받아들여지면서, 스페이스X도 세계적으로 주목을 받게 됐다. 우호적인 시장의 기대는 은행 대출, 추가 투자 등 재무적인 상황으로 직접 연결되면서 단숨에 막대한 투자를 성공시켰다. 구체적인 물건이 나오기도 전에 계획만으로 엄청난 자금을 모은 것이다. 머스크는 꿈을 팔았고, 투자자들은 미래에 베팅한 것이다.

실패를 두려워하지 않고
타협을 용인하지 않는다

"절대 포기하지 않을 것이다, 절대로!"

머스크는 혼잣말을 되뇌었다.

"자, 우리는 해낼 겁니다. 할 수 있어요. 냉정을 찾읍시다!"

2006년 이후 팰컨 로켓 발사가 세 번 연속 실패하자 눈물을 흘리며 주저앉은 직원들에게 그는 냉정하게 문제의 본질을 파악하기 위해 집중할 것을 요구했다. 당시 발사 실패는 회사뿐 아니라 머스크 자신에게도 재앙에 가까운 사건이었다. 하지만 꿈에는 실패가 필연적으로 포함되어 있음을 시장 또한 알고 있었기 때문에, 연속된 실패도 머스크와 그가 이끄는 회사에 대한 시장의 기대를 흔들지 못했다.

1999년 창업한 온라인 송금 회사 페이팔을 15억 달러에 이베이에 매각하면서 1억 6,500만 달러를 손에 쥔 일론 머스크는 2002년 스페이스X를, 그로부터 1년 뒤 테슬라를 창업했다. 하지만 이 두 분야는 매우 위험한 비즈니스였다. 2008년 상반기까지만 해도 스페이스X는 로켓 발사에 연이어 실패했고, 테슬라 역시 첫 번째 자동차인 로드스타가 '사상 최대의 실패작'으로 꼽히면서 불안감은 가중되었다. 개인적으로도 이혼의 아픔을 겪는 등 안팎으로 최악의 상황이 이어졌다. 하지만 지치지 않고 꿈을 좇는 그에게 실패는 자본이었고 시련은 자산이었다.

미래를 향한 그의 또렷한 비전은 시장을 홀리기에 충분했다. 시장이 그의 꿈과 미래에 베팅하는 사이, 소음이 없고 매연을 배출하지 않는 테슬라는 길을 달리기 시작했고, 우주선은 테슬라를 싣고 날아올랐다. 단련의 시간을 거치면서 머스크와 시장은 실패에 대한 면역이 생기고 성공에 대한 학습효과를 거두는 듯했다.

그가 이렇게 끊임없는 실패에도 다시 일어설 수 있었던 것은, 목표가 소명에 가깝고 회복탄력성이 탁월했기 때문이

다. 이런 그의 비전과 개인적인 특징은 회사와 직원들에게
도 큰 영향을 미쳤다. 숱한 실패 속에서도 직원들은 그 상황
에 매몰되지 않았고, 머스크와 함께 '미친 듯이' 일에 매달렸
다. CEO의 탁월한 회복탄력성과 실패를 두려워하지 않는 강
인한 마인드는, 내부적으로는 조직의 역량을 하나로 모으고,
외부적으로는 기업에 대한 우려를 불식시키며 기대를 높이
는 동력이 되었다.

미래에 대한 남다른 통찰과
로켓 같은 실행력

스페이스X의 창업도 기존의 방식을 뒤엎는 일론 머스크의
통찰에서 시작되었다. 그의 첫 번째 목표는 로켓 제작 회사
에 만연한 사고방식을 깨는 것이었다.

테드TED 인터뷰에서 진행자 앤더슨은 그에게 이렇게 물었다.
"어떻게 하신 겁니까? 페이팔, 솔라시티, 테슬라, 스페이
스X…. 서로 완전히 다르고 규모도 어마어마한데, 도대체 한

사람이 이 모든 혁신을 어떻게 이룰 수 있지요?"

"생각에는 좋은 틀이 있다고 확신합니다. 바로 물리학이죠. 논리의 제1원칙입니다. 물질의 근본까지 파고들고 거기서부터 생각하는 거죠. 유추와는 다릅니다. 살아가면서 우리는 대부분 뭔가를 유추하는데, 이는 기본적으로 다른 사람들의 생각을 조금씩 변형하는 것에 불과합니다. 하지만 그렇게라도 하지 않으면 매일매일 살아가기가 힘들 겁니다. 그러나 뭔가 새로운 걸 하려면 물리학적 접근을 해야 해요."

머스크가 자신의 꿈을 향해 폭주할 수 있는 근원적인 힘 중 하나가 바로 이 '물리학적 사고방식'이다. 그는 유추가 아닌 원리 추론, 즉 '물리적 사고법'을 기반으로 사고하기 때문에, 세상에 없는 그 무엇을 '창조'할 수 있었던 것이다. 기존의 생각에 변형을 가하는 사고법으로는 '개선'만 가능할 뿐이다.

그의 생각의 틀은 곧 테슬라와 스페이스X의 혁신 프레임과도 같다. 머스크의 수많은 혁신 중 가장 주목받는 것은 로켓 개발이다. 이것 역시 물리학적 사고를 바탕으로 이루어낸 성과다. 독학으로 우주공학을 공부한 머스크는 로켓 개발을 선언하면서 기존의 데이터와 결과를 배제했다. 그가 가장 먼저 발견한 것은 '로켓 제작에 필요한 재료비가 전체 로켓 발사비의 단 2퍼센트에 불과하다'는 사실이었다.

미국 항공우주국이 참여한 '델타 4호'의 개발비는 25억 달러(약 2조 7,000억 원)였는데, 머스크는 '이 비용의 10퍼센트로 로켓을 쏘아올리겠다'는 목표를 정했다. 이런 발상은 기존 데이터를 활용한 유추를 통해서는 불가능하다. 머스크가 로켓 개발의 핵심적인 기본 원리부터 파헤쳤기 때문에 가능한 발상이었다.

"10퍼센트 향상은 불가능해도 50퍼센트 혁신은 가능하다."

머스크가 조직에 계속 불어넣은, 유추를 배제하고 근본에 도전하는 정신은 현대 경영학의 실체적 이론에 가깝다. 근본을 다시 들여다보면서 완전히 변화하지 못하고, 피상적으로 작은 변화를 목표로 삼는다면 결국은 실패한다는 것이다. 이런 근본적인 도전에는 필수불가결하게 '실패'와 '시간'이 필요한데, 조직이 이를 확보하기 위해서는 CEO가 시장에서 버텨주는 힘이 있어야 한다.

그리고 누구도 시도하지 않은 새로운 도전을 감행하는 CEO의 통찰과 실행력은 조직 전체의 창의성과 추진력을 높이는 데 결정적인 역할을 한다. 이는 지시와 규율 혹은 교육을 통해 가르칠 수 있는 것과는 차원이 다르다. 리더가 탁월한 통찰력으로 강력한 리더십을 발휘할 때에만 가능한 일이다.

경쟁을 거부하고 지속 가능한 발전을 꿈꾸는 혁신의 아이콘

몇 해 전 시장조사 전문기관 CB인사이츠는 '경영자, 창업자 중 누구를 가장 존경하는가?'라는 설문을 진행했다. 그 결과 일론 머스크가 스티브 잡스를 제치고 1위를 차지했다.

이 설문의 특이한 점은 경영 성과 등을 바탕으로 한 학술적 결과가 아니고, 응답자의 '직관'에 의존한 조사라는 것이다. 다른 시선으로 보면, 머스크에 대한 일반인의 기대와 영향력이 그의 경영 성과보다 더 강력하다는 의미로 해석

10퍼센트 향상은 불가능해도
50퍼센트 혁신은 가능하다.

할 수 있다. 기업의 성과보다 CEO의 정체성이 기업의 미래에 더 크게 영향을 미친다는 의미이기도 하다. 일론 머스크가 '미래의 설계자'이자 '인류의 운명을 바꿀 인물'로 인식된후, 그의 기업 역시 대체 불가의 경쟁력을 갖게 된 사례다.

"나는 인류의 미래가 밝다고 생각하면서 숨을 거두고 싶다."

머스크는 기업 운영의 목표를 인류의 지속 가능한 삶에 두고 있다. 그가 인공지능이라는 주제에 대해 혐오에 가까운 반대를 하는 이유도 핵심적으로는 인류의 지속 가능한 삶에 방해가 된다고 여기기 때문이다. 구글 공동 창업자이자 친구인 래리 페이지의 행보에 대해서도 "래리가 인류를 파괴하는 능력을 갖춘 인공지능 로봇을 만들까 봐 무섭다. 정말 걱정이다"라고 했다. 그리고 페이스북의 마크 저커버그와는 한 치의 양보도 없이 설전을 치르면서 자신의 페이스북 계정을 없애버렸다.

공동체의 운명을 끊임없이 성찰하는 머스크의 행보는 신흥 부자들의 거액 기부가 비일비재한 실리콘밸리의 문화와도 맥을 같이한다. 그가 설립한 '오픈 AI'도 같은 관점에서 매우 의미 있는 실체적 기부 행위다. 하지만 인류의 지속 가능한 삶과 공동체의 미래를 위한 가장 큰 기여는 미래의 불안정성에 대해 확신을 주는 것이 아닐까. 결국 상상이든 몽상이든 새롭게 꿈꾸는 미래를 현실에서 보여주고 실현하는 것 말이다.

요즘 일론 머스크는 힘들 것이다. 테슬라는 사고가 났고, 사람이 죽었다. 더 많은 사람들이 테슬라를 손쉽게 경험할 수 있도록 준비해온 새로운 시리즈는 양산이 지연되고 있다. 여기에 주요 애널리스트와 기관들은 끊임없이 파산에 대한 경고를 던지며 투자자들을 흔든다.

테슬라는 2017년 4분기 순손실액이 6억 7,540만 달러(약 7,300억 원)에 이른다고 발표했는데, 당일 주가는 오히려 2퍼센트 이상 올랐다. 예상보다는 손실이 적다는 이유였는데, 지금은 시장이 그만큼 관대하지 않아 보인다. 일론 머스크의 꿈에 열광했던 이들이 이제 숫자와 실적으로 눈을 돌리고 있다. 어쩌면 머스크의 독백 같은 사과에 같이 좌절하고 있는 것인지도 모른다.

"내가 미쳤다고 생각하나요?"

머스크는 기업 운영의 목표를
인류의 지속 가능한 삶에 두고 있다.
그가 인공지능이라는 주제에 대해
혐오에 가까운 반대를 하는 이유도
인류의 지속 가능한 삶에
방해가 된다고 여기기 때문이다.

자신의 공식 전기를 집필하려고 찾아온 애슐리 반스에게 머스크가 처음 건넨 말이다. 자신의 목표와 비전에 대해 세상 사람들이 '미쳤다'고 말해온 것을 스스로 잘 알고 있는 것이다.

하지만 투자자들은 그의 비즈니스가 '돈 먹는 하마'라는 사실을 누구보다 잘 알면서도 기꺼이 투자해왔다. 오히려 그의 의기소침한 모습, 확신을 놓아버린 고백 같은 사과에 시장은 민감했다. 더 정확하게 말하면, 소비자들은 마치 '내 꿈이 실패'한 것처럼 반응했다.

산업은 맞고 틀린 것만이 존재해야 개별적인 불확실성이 사라진다. 하지만 이는 맞고 틀린 문제보다 좋고 싫은 문제로, 다시 말해 '정오'가 아니라 '호오'의 문제가 시장을 움직인 보기 드문 사례인 것이다. 일론 머스크는 단순히 한 회사의 CEO라기보다는 우리 모두의 꿈을 대신 이루어주는 사람이었고, 그의 성공과 실패에 시장은 객체가 아니라 동일시된 주체로서 반응해온 셈이다.

chapter 05

부드러운 강함

독일 4선 총리
앙겔라 메르켈

유연한 부드러움이
강함을 이기는 비결

"빨리 가고자 하면 혼자 가라.
그러나 멀리 가고자 하면 함께 가라."

앙겔라 메르켈

앙겔라 메르켈Angela Merkel 독일 총리는 마거릿 대처 전 영국 총리와 여러 가지 공통점이 있다. 두 사람은 각자 자국에서 최초의 여성 총리로 선출되었고, 이후 세 차례나 연임에 성공했다(메르켈은 한 걸음 더 나아가 2017년 9월, 4선 총리가 되었다). 또한 총리로서 각각 영국병과 유럽 재정위기와 맞서 싸웠다는 점도 닮았다. 그러나 이런 공통점에도 불구하고, 사람들이 인식하는 두 총리에 대한 이미지는 사뭇 다르다.

혈통이나 결혼의 도움을 받지 않고 강대국의 최고지도자가 된 역사상 최초의 여성 마거릿 대처. 그는 윈스턴 처칠 이후 영국에서 가장 강한 영향력을 발휘한 총리이자 신자유주의를 대표하는 정치인 중 한 명이다. '철의 여인'이라는 칭송부터 '신자유주의의 마녀'라는 비난까지 극단적인 평가를 받아온 그는 신념의 정치인이었다. 그래서 대처의 정치는 타협, 소통, 공감과는 거리가 멀었다. 거침없는 언변에 타협을 불허하는 결단력으로 독재에 가까울 만큼 단호한 정치를 펼쳤다. 그런 만큼 '영국의 경제위기를 극복한 강단 있는 정치인'인 동시에 '영국의 빈부격차를 벌려놓은 최악의 정치인'이기도 하다.

'다시 태어난 엘리자베스 1세'라는 세간의 평가처럼, 실제로 대처는 집권 말기 제왕적인 지도자의 모습에 가까웠다. 그리고 어쩌면 그런 시대착오적인 모습이 결국 몰락의 요인이 되었을 것이다.

반면 현재 세계에서 가장 영향력 있는 여성이자 정치지도자, '독일의 대처'로 불리는 앙겔라 메르켈은 대처와는 분명히 결이 다르다. 그는 부드러운 포용력으로 독일 국민을 품고, 스스로 제왕이 되길 거부한다. 그리고 '철의 여인' 마거릿 대처를 넘어 최장수 여성 총리로서, 지금까지 14년간 총리직을 지켜오고 있다.

메르켈의 핵심 경쟁력은 '현실적 존재감'이다. 여기서 '현실적'이라는 것은 어디에든 있는 관계라는 뜻이고, '존재감'은 소통을 통해 자신의 의사를 관철하는 역량을 말한다. 다른 말로 하자면, 메르켈은 '합리적인 엄마'의 모습을 가진 지도자다.

소탈한 '엄마 리더십'은
어떻게 독일 사람들을 사로잡는가

2015년 미국 시사주간지 〈타임〉은 앙겔라 메르켈을 '올해의 인물'로 선정해 표지에 실었다. 26년 만에 처음으로 여성 정치인이 선정된 것이다.

사실상 '유럽의 리더'로 지칭되는 메르켈. 따뜻하게 감싸주는 포근한 엄마의 품을 연상시키는 외모와 이미지 때문에 그에게는 '무티Mutti'라는 수식어가 따라다닌다. 무티는 독일어로 '엄마'라는 뜻이다. 이런 별명으로 불리는 것은 단지 푸

메르켈은 기존의 정치인들과는 달리
행동은 느리고 결정은 신중하다.
카리스마 넘치는 결단력보다
고민하고 주저하는 모습을 자주 보인다.
합리적인 의사결정 과정을
그대로 보여주는 것이다.

근한 외모나 이미지 때문만이 아니라, 그의 정치 스타일이 바로 그렇기 때문이다.

그는 기존의 정치인들과는 조금 다르게, 행동은 느리고 결정은 신중하다. 카리스마 넘치는 결단력보다 고민하고 주저하는 모습을 자주 보인다. 합리적인 의사결정 과정을 그대로 보여주는 것인데, 강대국 독일의 총리이면서도 권위를 내세우기보다는 소박한 실용성을 중시한다.

유럽의 실질적 리더인 독일을 이끄는 메르켈은 퇴근 후 슈퍼마켓에서 직접 쇼핑을 하고, 총리가 되기 전에 살던 베를린 중심가 아파트에 그대로 살고 있다. 의상이나 헤어스타일도 단출하고, 공식 행사에서도 의전이 화려하지 않다. 이런 소탈함은 그의 삶의 철학이며 정치 철학으로도 연결된다.

그는 제2차 세계대전을 일으킨 전범국가로서 독일의 잘못을 공개적으로 들춰내 사과했고, 그 책임에 대해 수차례 강조했다. 원자력 발전 정책을 주장했던 그였지만 2011년 후쿠시마에서 원전 사고가 발생하자 "후쿠시마가 내 생각을 바꿔놓았다. 우리에겐 안전이 무엇보다 소중한 가치다"라고 말하며 온 국민 앞에서 과감히 정책 포기를 선언하기도 했다. 그는 부끄러운 과거를 숨기지 않았고, 자신의 실수를 인정했다. 또한 잘못되었다고 판단되면 과감하게 정책을 포기했고, 반대 진영의 목소리에 귀를 기울였다.

이뿐만이 아니다. 제1야당의 공약을 자신의 정책으로 흡수하고, 상대 진보당의 정책을 칭찬하는 것은 물론, 2013년 총리직 연임에 성공하자 장관직 16개 중 6개를 진보당에게 주기도 했다. 반대 입장이라도 상황에 따라 적극적으로 받아들이는 메르켈의 유연한 포용력은 '엄마 리더십'으로 대표되는 그녀의 이미지를 더욱 굳건하게 해주었다.

이런 그를 두고 오픈유럽베를린연구소의 미하엘 볼게무스 소장은 이렇게 말한다.

"메르켈의 위상과 이미지는 정당과 정파를 초월한다. 그는 모든 시민과 이해집단을 배려한다. 동시에 가식이 없고 겸손하다. 독일인들은 그의 이런 면을 좋아한다."

자기주장만 내세우거나, 당파싸움에만 집착하는 기존의 정치인 이미지와는 사뭇 다른 그의 태도. 독일인들은 이처럼 권력을 과시하지 않고 타인의 의견을 포용하는 메르켈의 리더십을 지지하는 것이다.

독일 제2공영방송인 ZDF가 2016년 12월 1,258명을 대상으로 진행한 여론조사 결과, 앙겔라 메르켈 총리의 4선 도전을 독일인 5명 중 3명이 찬성하는 것으로 나타났다. 그의 4선 지지율이 64퍼센트를 기록한 것이다. 메르켈이 당수로 있는 중도우파 기독교민주연합(이하 기민당) 지지자들 중에서는 찬성 비율이 89퍼센트로 압도적이었다. 번번이 자신의 주장을 굽히고 양보하고 사과해도 결국 승리하는 메르켈의 비결은 원칙에다 포용까지 겸비한 '무티' 리더십 덕분일 것이다.

메르켈이 2015년 동부 하이데나우에 있는 난민센터를 찾아가서 한 연설은 무티 리더십의 완결판이라고 할 수 있다.

"난민들에 대한 인간적인 대우는 매우 중요하다. 법과 인도적 지원을 필요로 하는 이들을 돕지 않으려는 사람들에 대한 관용은 없다."

닷새 전 이곳에 도착한 난민들을 향해 돌과 화염병을 던진 극우세력에 대한 엄중한 경고였다. ZDF에 따르면, 독일인의 60퍼센트가 "모든 시리아 난민을 받아들이겠다"고 선언한 그의 난민 정책을 지지하는 것으로 나타났다. 난민 정책에 반발하는 세력이 없는 것은 아니지만, 이 연설 후에도 메르켈의 지지율은 70퍼센트에 육박했다.

메르켈과 인터뷰했던 〈아이리시타임스〉의 기자 데렉 스캘리는 무티 리더십의 강점에 대해 이렇게 평가했다.

"평범한 독일인이 원하는 바를 정확히 짚어주고, 선거 때마다 결과물로 되돌려주는 것이다."

대중의 눈높이에 맞는 소신과 그들의 이야기에 귀를 기울이며 소통하는 모습, 조용하지만 일관된 메르켈의 리더십은 그가 왜 독일 국민의 사랑을 받는지, 나아가 전 세계 지도자들의 롤모델이 된 이유가 무엇인지에 대한 답을 보여준다.

메르켈은 취임 이후 줄곧 독일의 경제위기 극복을 위해 노력했고, 세계 경제체제의 개혁을 소리 높여 외쳤다. 또한 여성과 이민자 등 다양한 사회적 약자들을 포용하기 위해 애쓰고 있다. 영국이 유럽연합에서 탈퇴하겠다고 선언했을 때에도 그는 날선 대응을 하지 않았다. 다만 "영국의 유럽연합 탈퇴 협상이 오래 걸리면 안 되겠지만, 굳이 단기 프레임을 위해 싸우지는 않을 것"이라면서 객관적이고 우호적인 협상 분위기를 추구할 것이라고 밝혔다.

메르켈은 그 특유의 포용력으로 '무티 리더십'을 발휘하고 있지만, 리더로서 정체성을 구축하는 데는 특별히 여성성을 활용하려 하지 않았다. 여성 정치인들은 일반적으로 소외되고 약자로 인식되는 이들의 지지를 이끌어내기 위해 여성성을 활용하는 사례들이 있는데, 그는 자연스러운 리더의 모습을 유지해왔다.

오히려 정치 경력을 쌓는 과정에서 유약한 이미지보다는 끈기와 과감한 결단력을 보여줌으로써 '독일판 철의 여인'이란 평을 얻기도 했다. 여성이지만 여성으로 정치하지 않은 그녀에게 대중은 신뢰를 보여주었고, 메르켈이 독일의 높은 실업률과 사회의 비관주의를 털어내고 성장을 이끌면서 독일 국민은 더욱 그를 신뢰하게 되었다.

수줍고 조용한 소녀에서
전 세계 정치인의 롤모델로

영국의 경제전문지 〈파이낸셜타임스〉는 메르켈을 가리켜

"유로존의 금융위기와 난민 문제에서 강력한 리더십을 보여줌으로써 보다 대담한 독일을 만들어냈다"고 평가했다.

앙겔라 메르켈은 1954년 서독 지역에서 태어났지만, 그해 루터교 목사인 아버지를 따라 동독 지역으로 이주해 그곳에서 성장했다. 유머감각도 없고, 촌스러우며, 말주변도 카리스마도 없는 평범한 소녀였다.

물리학 박사로서 동베를린 물리화학연구소에서 일하던 그는 1989년 베를린 장벽이 무너지면서 정치에 입문했다. 당시 동독 정권에 반감을 갖고 있던 사람들은 대부분 서독의 진보 정당인 녹색당이나 사회민주당(이하 사민당)에 둥지를 틀었다. 하지만 앙겔라는 동독의 민주화 운동단체였던 '민주변혁'에 가입했는데, 이 단체는 곧 현재 그가 소속된 기독교민주동맹(이하 기민당)에 편입됐다.

1991년 메르켈은 당시 총리였던 헬무트 콜에게 여성청소년부 장관으로 임명되면서 빠른 속도로 성장했다. 콜 총리는 사람을 보는 눈이 매우 정확한 것으로 정평이 나 있었지만, 사실 메르켈이 처음 언론에 나타났을 때 사람들은 다소 놀랐다. 이마를 덮은 짧은 단발머리에 너무나 수수한 옷차림의

번번이 자신의 주장을
굽히고 양보하고 사과해도
결국 승리하는 메르켈의 비결은
원칙에다 포용까지 겸비한
'무티' 리더십 덕분일 것이다.

평범하고 수줍어 보이는 젊은 동독 여성, 언변이 유려하지도 않은 여성을 노련한 정치인인 콜 총리가 장관으로 발탁한 이유를 다들 궁금해했다. 결과적으로 보자면, 콜 총리가 새 시대의 리더십을 정확하게 예측한 셈이었다.

메르켈의 리더십, 그 진짜 힘은 겸손함과 평범함 뒤에 숨어 있었다. 그는 콜 총리 내각에서 환경부 장관을 역임하고, 1998년에는 기민당 사무총장이 되었다. 그 후 메르켈은 도덕적 가치와 정치적 진가를 보여준 여러 사건을 계기로 국민들의 전폭적인 지지를 받게 된다.

2005년 독일 역사상 최초의 여성 총리로 선출된 메르켈은 세계적인 경제위기 속에서도 독일을 경제대국으로 발돋움시켰다. 일자리 확대 정책을 지속적으로 추진해 집권 2년 차에 실업률을 약 3퍼센트 낮췄고, 2011년에는 기술 개발에 대한 과감한 지원으로 독일 역사상 최대인 1조 4,756억 달러 수출을 달성했다.

2000년대 초만 해도 독일 경제는 '유럽의 병자(病者)'라고 불릴 정도로 조롱의 대상이었다. 분배와 복지에 초점을 맞춘 '라인 자본주의'와 신기술의 부작용 등을 과도하게 걱정하는

'저먼 앙스트German Angst' 등이 그 원인이었다. 하지만 그 후 불과 10여 년 만에 독일은 보란 듯이 다시 경제 호황을 맞이했다. '제2의 라인강의 기적'이라는 말도 나온다.

메르켈은 진정한 사회보장은 일자리 확대에 있다고 믿는다. 첨단 제품과 신기술을 적극적으로 지원해 기업의 부담을 줄임으로써 수많은 일자리를 창출했다. 메르켈 덕분에 독일은 품질 좋은 제품을 만드는 인재들이 많은 제조강국으로서의 명성을 더욱 확고하게 굳힐 수 있었다. 그의 정치적 행보가 독일이라는 나라의 이미지를 변화시킨 것이다.

메르켈은 독일을 비롯해 프랑스 등 27개국이 모인 유럽연합에서도 실질적인 좌장이다. 2차까지 진행된 그리스 구제금융 등도 메르켈의 최종 결단에서 도출되었다. 영국의 경제주간지 〈이코노미스트〉는 최근 유럽을 침몰하는 배에 비유하면서, 메르켈이 유로존 위기에서 어떤 해결책을 제시할지 집중적으로 보도하기도 했다.

정치 입문 15년 만에 국가 최고의 자리에까지 오른 앙겔라 메르켈은 현재 새로운 역사를 쓰는 중이다. 미국 경제주간지 〈포브스〉가 매년 선정하는 '세계에서 가장 영향력 있는 100

메르켈은
미국 경제주간지 〈포브스〉가
매년 선정하는 '세계에서
가장 영향력 있는 100인의 여성'에
2017년까지 7년 연속 1위로 꼽혔으며,
〈뉴욕타임스〉는
'서구 자유주의의 마지막 수호자'라고 칭했다.

인의 여성'에서 2017년까지 7년 연속 1위로 꼽혔으며, 〈뉴욕타임스〉는 '서구 자유주의의 마지막 수호자'라고 칭했다.

메르켈은 다보스 포럼에서 "빨리 가려면 혼자 가도 된다. 그러나 멀리 가고 싶다면 함께 가야 한다"고 말했다. 경쟁하거나 대립하는 상대를 적으로 간주하지 않고, 서로의 의견을 존중하며 상생할 수 있는 동반자로 보는 것이다. 그렇게 시선을 바꾸면 서로 싸우는 적이 아닌 함께 걸어갈 동지로 발전할 수 있다는 것이 그의 생각이다.

부드럽되 단호한 메르켈,
독일의 리더에서 세계의 리더가 되다

메르켈은 기본적으로 '합리적인 어머니'의 리더십으로 정치를 해나가고 있다. 신중하고 진중한 성격을 토대로 부드러운 포용력을 보여주면서 현실적 존재감이 있는 리더로 자리매김했다.

하지만 그녀는 자신의 신념과 가치관을 벗어나는 일은 결코 용납하지 않는 단호한 면모도 지니고 있다. 한마디로 '부드러운 단호함'이 있는 것이다. 헬무트 콜 총리가 불법 자금 스캔들에 휘말려 치명적인 비리의 증거가 하나둘 드러나자, 그는 그간의 인연에 얽매이지 않고 단호하게 진상규명과 사퇴를 요구했다. '정치적 아버지'나 다름없는 콜과 '탯줄 끊기'를 한 것이다.

메르켈은 1999년 12월 22일 독일의 대표적인 신문 〈프랑크푸르터 알게마이네 차이퉁FAZ〉에 콜을 비판하며 명예당수직 사퇴를 촉구하는 기고문을 실었다. 콜은 그동안 국가를 위해 많은 기여를 했지만, 기민당은 이제 당의 발전을 위해서 거인 콜로부터 독립해 스스로의 두 발로 서서 걸음마를 시작해야 한다는 내용이었다.

독일 정치계는 충격에 휩싸였지만 국민들은 환호했다. '콜의 소녀'로 불리던 그의 이런 결단이 당내 일각에서는 일종의 배신행위로 여겨졌지만, 메르켈로서는 자신의 정치적 신념을 지킨 것이었다.

그는 불법 정치자금에 연루된 지도자가 책임을 지지 않는 것은 도덕적으로 받아들일 수 없다고 생각했다. 독일 국민들은 이 사건을 계기로 메르켈의 도덕성과 결단력을 다시 평가하게 되었다. 사사로운 인연에 얽매이기보다는 국가와 국민을 먼저 생각하는 태도에 국민들은 박수를 보냈다.

메르켈의 비상한 정치 행보는 이후에도 계속되었다. 2005년 9월 총선 결과 기민당과 사민당이 비슷한 의석수를 차지하면서 두 당이 '대연정' 협상에 돌입했다. 협상이 진행된 3주 동안 독일 국민들은 사민당 당수이자 당시 총리였던 슈뢰더가 계속 총리직을 유지할지, 아니면 기민당의 메르켈에게 총리 자리가 넘어갈지 촉각을 곤두세웠다. 승리의 여신은 앙겔라 메르켈의 손을 들어주었다.

"저는 독일이 누구의 위에도 아래에도 있지 않으면서 자신에게 딱 맞는 위치를 찾고 다른 나라들의 좋은 이웃, 좋은 친구가 될 수 있도록 제 힘을 보탤 수 있기를 바랄 뿐입니다."

이토록 온화하고 평범하기 그지없는 메르켈의 정치적 수사가 국민들의 마음을 흔들었다. 그가 자신의 정치적 이념과 소박하지만 진실되고 부드러운 리더십을 여실히 보여주었기 때문이다.

메르켈은 화려한 언변을 자랑하지도 않고 이미지 관리에 신경을 쓰는 정치인도 아니다. 그럼에도 도덕적으로 올바른 사상과 평범한 언어도 진리로 느끼게 만드는 진정성, 그리고 바른 일에는 소신을 굽히지 않는 단호함이 그가 지향하는 리더십이 무엇인지를 보여준다.

독일 국민들이 '독일의 발전과 국민의 행복한 삶을 위해 살고 있다'는 그의 이야기를 신뢰하고 그를 지지하는 이유가 바로 여기에 있다.

전범국가 독일의 이미지를
진실한 사과를 통해 국제사회의 리더로 전환시키다!

"독일인 대다수가 나치의 학살에 눈을 감았고 희생자를 돕기 위해 아무것도 하지 않았습니다."

2013년, 앙겔라 메르켈이 최초의 나치 강제 수용소인 뮌헨 인근 다하우 수용소에서 한 연설이다. 이날 그를 안내한 이는 이곳에 수감되었던 유대인 작가이자 화가 막스 만하이

메르켈은 속죄와 사과에 대한
새로운 패러다임을 제시했다.
독일은 나치가 저지른 범죄와
제2차 세계대전 희생자들,
홀로코스트에 대해
영원한 책임이 있음을 강조하면서
범죄에 대한 속죄와 사과는
한 번으로 끝나는 것이 아니라
영원히 해야 한다는 것을
직접 보여준 것이다.

머였다. 다하우 수용소는 아돌프 히틀러가 집권해 독일 내에
처음 만든 나치 강제 수용소로, 수만 명이 학살되거나 기아
와 질병으로 숨진 비극의 현장이다.

이곳에서 메르켈은 독일의 잘못을 다시 들춰냈고, 과거의
잘못을 통렬하게 반성했다. 나치의 만행을 기억하고 모든 형
태의 반(反)유대주의와 인종차별주의에 맞서 싸우는 것은 독
일인의 영원한 책임임을 강조했다.

제2차 세계대전 당시 150만여 명이 숨진 폴란드 아우슈비
츠 수용소 해방 70주년을 하루 앞둔 2015년 1월 26일 연설
에서는 "독일인은 수백만 희생자에 대한 책임을 결코 잊어
선 안 된다"고 말했다. 제2차 세계대전 발발 70주년 기념식
에서는 추모비 앞에서 무릎을 꿇기도 했다.

이처럼 메르켈은 속죄와 사과에 대한 새로운 패러다임을
제시했다. 독일은 나치가 저지른 범죄와 제2차 세계대전 희
생자들, 홀로코스트에 대해 영원한 책임이 있음을 강조하면
서, 범죄에 대한 속죄와 사과는 한 번으로 끝나는 것이 아니
라 영원히 해야 한다는 것을 직접 보여주었다. 또 아우슈비
츠는 인간성 회복을 위해 우리가 해야 할 일을 일깨워준다

면서, 독일에서 새로운 삶을 개척하려는 이들(이민자들)을 적대시하는 태도를 엄중히 경고하기도 했다.

"히틀러가 6개월도 안 되는 사이에 독일 민주주의를 파괴해버린 사실은 민중이 무감각하면 무슨 일이 벌어질 수 있는지를 경고해준다."

과거에 대한 반성이 없는 현재는 허상이며, 현재가 탄실하지 못하면 미래를 약속할 수 없다. 메르켈의 이런 역사인식과 소통의 리더십은 독일이 전범국에서 국제사회의 리더로 지위를 회복하는 데 결정적인 역할을 했다.

"독일은 제2차 세계대전과 홀로코스트에 대한 책임이 있었음에도 다시 국제사회로 돌아왔습니다. 이는 독일이 책임을 직시했기 때문입니다. 과거사 청산은 화해를 가능하게 하는 중요한 전제조건입니다."

메르켈은 갈등을 회피하지 않는다. 그리고 갈등에 의해 발생하는 책임에 대해서도 정면으로 마주한다. 책임의 기본은 인정이며, 사과의 본질은 받는 사람의 수용 여부다. 다시 말해, 책임을 지기 위해서는 스스로 납득하고 이해할 수 있어야 하고, 사과는 받는 사람이 수용할 수 있을 때 성립하는 것이다. 국가 지도자가 국가의 책임을 제대로 지기 위해서는 무엇보다 자국민을 설득할 수 있어야 한다. 그만큼의 신뢰를 확보하고 있어야 하는 것이다.

chapter 06

엔터테이너형
오너

신세계그룹 부회장
정용진

엔터테이너형 CEO는
고객을 어떻게 사로잡는가

**"물건을 파는 회사가 아닌
문화와 예술이라는 가치를 선물하는 회사가 돼야 한다."**
정용진

정용진 부회장에게 '트렌드', '감각'… 이런 키워드가 촌스러워 보이는 이유는 무엇일까? 분명 그는 '신세계'라는 오래된 브랜드로, '이마트'라는 실용적이기 그지없는 회사를 경영하는 CEO인데 말이다. 게다가 E는 W를 거쳐 I로 대체된지 오래되었다. 그럼에도 불구하고 신세계는 대한민국에서 가장 감각적인 회사이고, 이마트는 세상의 변화를 리딩하는 기업으로 받아들여지고 있다.

시장과 소비자가 이런 변화를 느끼게 된 것은 정용진 부회장의 경영철학이 스며들기 시작하면서부터다. 다시 말하면, 정 부회장의 PI가 기업의 CI를 덮었기 때문에, '오래된 기업'

에서 '미래를 선도하는 기업'으로 이미지 변신을 할 수 있었던 것이다. 그리고 CEO의 아이덴티티가 기업의 그것보다 훨씬 강하고 시장에서 매력 있기 때문에 '정용진 〉 신세계'라는 등식이 성립한 것이다.

신세계는 백화점 사업과 호텔업을 하던 회사다. 대한민국 최초의 엘리베이터가 한국은행에 있느냐, 조선호텔에 있느냐 하는 논쟁이 있을 만큼 '올드'한 사업의 정체성을 가진 회사다.

전통적으로 호텔업은 다른 사업의 시너지를 위한 사업이고, 백화점·마트 사업은 오는 손님을 받는 수동적인 사업이다. 그래서 시장을 선점하고 자본을 투입하는 정도에 따라 큰 위험 없이 사업을 영위해나갈 수 있지만, 큰 성장을 기대하지도 않는다. 누군가는 '화신'이나 '미도파' 등 중소 백화점이 소멸하고 대기업 중심으로 재편된 이유가 자본의 차이 때문이었다고 분석한다. 하지만 결정적으로 변화하는 소비의 패턴을 따라가지 못하는 사업의 수동적 정체성 때문이라고 보는 게 합리적일 것이다.

그런데 지금의 신세계와 이마트는 가장 창의적이고 혁신

적인 변화를 주도하고 있다. 사실 수동적인 구조의 사업에서 변화를 만들어내는 것은 매우 어려운 일이다. 특히 그 사업을 오래 영위하면서 학습된 관점으로 미래를 예측하기 때문에 '아는 미래'가 되기 쉽다.

"5~10퍼센트 변화는 어렵다. 관성에서 벗어나기 어렵고, 그 정도의 변화에는 충분히 저항해낼 수 있기 때문이다. 달라지기를 원한다면 50~100퍼센트 혁신을 해야 한다. 그래야 다른 세상이 열린다."

신세계와 이마트는 혁신 DNA를 가진 최고경영자를 맞이하면서 업 자체가 변했다. 판을 깔고 연결함으로써 돈을 버는 플랫폼이 아니라, 콘텐츠 기업으로 완전히 변모한 것이다. 신세계와 이마트는 이제 유·무형의 콘텐츠를 생산하고 유통하는 회사다. 그 콘텐츠가 제품이 될 수도 있고 문화가 될 수도 있지만, 어떤 것이라도 시대 선도적이다. 그래서 백화점·마트 사업에서는 상상할 수 없었던 '창의적 기대'를 하게 되는 것이다.

정용진 부회장은 '일상성', '솔직함', '트렌디함' 등의 키워드를 가지고 있다. 그리고 그는 기업의 경영자이라기보다는 트렌드에 대한 예민한 촉으로 콘텐츠를 기획하는 기획자로서의 PI가 강하다. 최근 제품과 서비스에서 광고까지, 대한민국 국민이 뭔가 특별하다고 느끼는 것에는 대부분 정 부회장의 촉이 들어 있다.

보여줄 준비를 하고 레드카펫에 나타나는 것이 아니라
일상생활에서 언제든 만날 수 있는 사람

여기저기서 정용진 부회장을 만났다는 일화가 쏟아진다. 아마 대한민국 경영자 중에서 매체를 통해서가 아니라 '나의 생활 반경' 안에서 가장 많이 본 사람일 것이다. 물론 얼굴이 많이 알려져서 얼굴을 전혀 모르는 재벌보다 알아보는 사람이 많기 때문이기도 하지만, 그가 목격되는 장소가 '나의 생활' 속에 있다는 점이 일상성을 대변한다. 여기저기 맛집에서 셰프와 사진을 찍고, 옆 테이블에서 밥 먹던 고객과 V를 그린다. 아이들과 함께 유치원에 가기도 하고, 개를 데리고 스타필드에 갔다가 개똥을 치우고, 아이를 안고 에버

신세계와 이마트는 혁신 DNA를 가진
최고경영자를 맞이하면서
업 자체가 변했다.
판을 깔고 연결함으로써
돈을 버는 플랫폼이 아니라,
콘텐츠 기업으로 완전히 변모한 것이다.

랜드에 가서는 사파리에 들어가려고 줄을 서기도 한다. 그는 보여줄 준비를 하고 레드카펫이 깔린 곳에 나타나는 것이 아니라, 일상에서 내 생활과 동선이 겹치기만 하면 언제든 만날 수 있다.

신세계와 이마트는 대중을 상대로 사업을 하는 기업이다. 소비자가 회사를 친근하게 느끼도록 만들고, 거리감과 이질감을 없애는 것이 사업의 성패와 직접 연결된다. 내 생활 반경 안에서 편하게 들러 소비하는 일상이 문화로 자리를 잡는다면, 그 이상의 마케팅은 없다.

"물건을 파는 것은 삼류, 정신을 파는 것은 이류, 문화를 파는 것은 일류 기업이다!"

여기서 문화는 습관을 의미하는데, 재화든 용역이든 소비가 습관이 되면 많은 부분의 비용이 절감된다. 그리고 지속적인 소비는 그 브랜드와 제품의 안정적인 선순환적 신뢰를 인정받는 것이 된다. 그래서 브랜드를 대중에게 친숙하게 만들고, 습관처럼 소비하는 문화를 뿌리내리는 것은 여러 가지 측면에서 매우 중요하다. 이런 관점에서 최고경영자의 본성적이고 일상적인 친밀함은 브랜드를 더욱 쉽고 가깝게 느껴

지도록 만드는 핵심적인 PI가 된다.

PI전략은 기본적으로 '전이'를 목적으로 한다. 대상자의 중심이 되는 이미지와 키워드가 브랜드나 사업에 긍정적인 영향을 미치도록 만들어야 하는 것이다. 사람에 대한 호감이나 좋은 이미지가 사업과 브랜드에 직접적으로 영향을 미치면서 시너지를 낸다. 역으로 사업이나 브랜드의 부정적인 요인들을 강한 PI를 통해 관리할 수도 있다.

방탄소년단은 최근 전 세계에서 가장 핫한 아이돌이다.

2017년에 이어 올해에도 2년 연속 미국 빌보드 뮤직어워드 '톱소셜 아티스트상'을 받았다. 세계에서 SNS를 가장 잘 활용한 가수로 인정을 받은 것인데, 올해 6월에는 기어이 빌보드 앨범 차트 1위를 기록하면서 명실상부한 '글로벌 스타'임을 입증했다. 처음에 팬들은 그들의 퍼포먼스나 댄스가 좋았지만, 몇 년이 지난 지금은 방탄소년단이 좋다고 한다. 선호하는 부분이 전이가 되면서 전체를 선호하게 된 것이다. 마찬가지로, 정용진 부회장으로부터 출발한 일상성에 대한 친밀감이 신세계와 이마트라는 브랜드로 전이되고, 제품으로 이어지고 있다.

"물건을 파는 것은 삼류,
정신을 파는 것은 이류,
문화를 파는 것은 일류 기업이다!"

아이폰의 기능을 극찬하고
삼성 핸드폰의 단점을 지적하는 솔직함

정용진 부회장의 가장 큰 경쟁력은 솔직함이다. 최고경영자 개인이 구축한 '솔직함'이라는 핵심 키워드가 '정직'과 '신뢰'라는 기업 가치로 확장되어가고 있다.

특히 오늘날의 경영환경에서, 정직과 신뢰는 시장에서 가장 중요한 가치다. 성장과 가격을 넘어 가치를 소비하고, 가치에 지불하는 비용은 기업과 브랜드의 신뢰로 결정되기 때문이다. 그래서 기업들은 모든 경영활동의 목적을 시장과 소비자의 신뢰를 확보하는 데 두고 있다.

이런 관점에서 최고경영자의 PI도 연동되는데, 정용진 부회장이 갖고 있는 솔직함은 최고의 자원이다. 게다가 주도적인 커뮤니케이션 타깃임에도 기업이 취약한 대상에게, 특히 SNS를 충분히 활용할 수 있는 젊은 연령의 소비자에게, 기업 브랜드보다 최고경영자 개인이 더 큰 인지도와 평가를 받는 것은 천군만마를 얻은 셈이다.

'아이폰 기능 대박!'

정용진 부회장은 SNS에서 아이폰의 여러 기능을 극찬했고, 삼성 핸드폰의 부족한 부분도 가감 없이 언급했다. 이 글과 사진을 본 언론과 유저들은 웅성거리기 시작했다. 정용진 부회장이 누군가? 이병철 삼성 창업주의 외손자이며, 현재 삼성을 이끌고 있는 이재용 부회장과는 외사촌 관계다. 그리고 신세계그룹은 삼성에 뿌리를 둔 회사다. 삼성과 이런 관계에 있는 그가 경쟁사 제품에 대한 선호를 솔직히 밝히고, 그것과 비교해서 삼성의 주력 상품의 약점을 지적한다는 것은 쉽지 않은 일이다.

기존의 여론 정서가 반영되어 '삼성-신세계 관계 악화?' 등의 기사가 나기도 했다. 아마도 이런 정서가 있다는 사실을 정 부회장 또한 알고 있었을 것이다. 하지만 그는 자신의 생각을 관계나 전통적인 관념에 의해 왜곡하지 않고 솔직하게 드러냈다. 당시 정 부회장의 팔로워들은 수천 개가 넘는 댓글을 달았고, 그의 솔직함에 매력을 느꼈다.

"나는 쫄면도 만들고 순대도 만들고 김치전도 만들어 판다. 매우 좋아하는 음식이고, 잘 먹는다. 그렇다고 왜 그것만 먹는 것처럼 보여야 하는가?"

정 부회장은 SNS적인 소통을 한다. 철저하게 계산된 기존의 메시지와 전략적 수단을 통해서, 세상이 아는 자신에게 억지로 가면을 씌우려 하지 않는다. 이렇게 솔직하고 즉흥적인 소통을 많이 하다 보니 벤츠 스프린터로 출퇴근하면서 전용차로를 위반했다는 등의 구설에 오르기도 했다.

그 후 주변에서 정제된 메시지로 전략적으로 소통하라는 건의를 정 부회장에게 했을 것이다. '피코크'에서 만드는 제품을 먹고, '신세계백화점'에서 장을 보고, '조선호텔'에서 밥 먹는 사진이면 딱 좋았을 것이다. 이것이 지금까지 기업의 최고경영진이 밖에다 보여준 전형적인 이미지다. 하지만 그런 만들어진 이미지로는 시장과 소비자들에게 솔직한 인상과 신뢰를 주지 못한다.

정 부회장은 최고급 '신상' 아이템을 장착하고 길거리 음식을 먹기도 한다. 대한민국에서 그가 부자라는 사실을 누가 모르겠는가? 그가 최고급의 무엇을 한다고 해도 돈을 자랑하고 과시하기 위한 제스처라고 생각할 사람은 없다. 그래서 그는 굳이 자신을 가리고, 누군가 왜곡할 수 있는 시선을 찾아 억지로 거기에 맞추려 하지 않는다. 그것이야말로 사진

찍히기 위해 연출하는 것이기 때문이다. 아마도 팔로워들이 그를 '형님'이라고 부르는 데 주저하지 않는 이유가 이런 솔직함 때문일 것이다.

트렌드에 대한 본성적인 민감함으로
기업을 180도 탈바꿈시키다

정용진 부회장은 트렌드에 민감한 경영자다. 본성적으로 호기심이 많고 새로움을 찾고 받아들이는 데 탁월하다. 그 DNA가 자본 중심의 수동적 사업군에 이식되면서 신세계는 완전히 탈바꿈했다.

"생각보다 잘 안 변합니다. 처음에 10개 가운데 9개는 직접 던지고 내놔야 했습니다. 그걸 수행하는 사람들도 전부 긴가민가하니까 진도도 안 나가고. 체질이 바뀌는 데는 시간이 필요한 걸 알지만, 관성에 저항하기가 힘들었습니다. 그런데 성공의 경험들이 생기면서 조직의 DNA가 바뀝니다. 지금은 두세 개만 찾아내면 나머지는 척척 진행됩니다."

PI전략은 기본적으로
'전이'를 목적으로 한다.
대상자의 중심이 되는 이미지와
키워드가 브랜드나 사업에
긍정적인 영향을 미치도록
만들어야 하는 것이다.
사람에 대한 호감이나 좋은 이미지가
사업과 브랜드에 직접적으로
영향을 미치면서 시너지를 낸다.

정 부회장을 만나보면 트렌드에 대한 그의 민감함과 절박함에 놀란다. 함께 일하는 사람들도 트렌드에 매우 예민해야 한다. 그의 말대로, 지금은 그런 예민함이 사업으로 현실화되고 있다. 하지만 회사의 체질을 그렇게 바꾸고 실력으로 만드는 데는 많은 통증이 있었을 것이다.

20년도 전에 그가 한국에 스타벅스를 들여왔을 때도 저항이 많았다. 가격이 싸지도 않은 '들고 다니는 커피'라는 콘셉트가 시장성이 있을 거라고 상상하기 어려웠던 것이다. 사업을 하는 입장에서 발 빠르게 트렌드를 받아들이는 것은 사업성을 전제로 한다. 지속적으로 사업이 되지 않으면, 빠르게 유행을 타는 얼리어답터 이상의 의미가 없는 것이다. 정부회장의 예민한 촉은 둔해진 기업의 체질을 민첩하게 바꾸면서 사업적 촉매제가 되었다.

"세상에 없던 것을 만들겠습니다!"

정용진 부회장이 사업을 시작할 때 회사와 스스로를 다지는 말이다. 이전 세대가 영위했던 사업군을 그대로 계승했다면 맞지 않는 사자후다. 유통이 본업인 기업이 세상에 없던 것을 만들겠다고 하는 것은 전통적 관점에서 본업을 제대로 읽지 못한 것이니 말이다. 그래서 그는 신세계그룹의 사업을 완전히 바꾼 제2의 창업자라고 할 수 있다. 그렇게 해서 세상에 없던 스타필드가 탄생했고, 트레이더스가 자리를 잡았으며, 무인편의점이 소비자의 새로운 습관을 만들고 있다.

그를 '형님'이라고 부르며 그의 솔직함에 매력을 느낀 고객들은 그가 만들어나가는 새로운 세상에 열광한다. 실제로 기존 유통채널에 별다른 반응을 보이지 않던 2030 고객들이 스타필드에 의미 있게 반응하고 있다. 2017년 기준으로 스타필드 하남 방문객 가운데 2030 고객의 비율이 50퍼센트를 훌쩍 넘겼다.

시장점유 전략이 아닌
소비자의 일상점유 전략을 택하다

"우리의 미래는 소비자의 일상을 점유하는 '라이프셰어'에 달려 있다. 물건을 파는 회사가 아닌 문화와 예술이라는 가치를 선물하는 회사가 되어야 한다."

지금은 기업과 조직에
상징적 자본을 넘어 '사회적 자본'이
절실히 요구된다.
기업의 최고경영진이
얼마나 소통을 제대로 하고 있으며,
이를 통해 브랜드에
호감을 불어넣을 수 있는지가
매우 중요한 자산이 된 것이다.

정용진 부회장은 '가치를 선물하는 회사'에 방점을 찍고 있다. 여기서의 가치는 가성비를 의미하는 것이 아니다. 소비 행태가 점점 가치 중심적으로 변화하고 있다. 가치에 공감하면 비용은 충분히 지불할 준비가 되어 있다. 용도의 가치를 넘어 정서적인 만족에 대한 가치가 훨씬 크게 자리를 잡아가고 있는 것이다. 그래서 기업은 제품과 용역에 스토리를 입히고 경험과 습관을 판매하는 데 사활을 건다.

그 첫 번째 스텝은 기존의 소비자 또는 잠재적 소비자가 해당 기업과 서비스에 관심을 갖게 만드는 것이다. 구매와 사용은 그다음 문제이고, 적어도 제품과 브랜드에 대한 인지와 호감이 만들어져야 한다. 이런 관점에서 보면, 정 부회장의 본성적인 일상성, 솔직함, 트렌디함으로 구축된 PI가 기업에 얼마나 큰 자산이 되고 있는지 알 수 있다.

광운대 공공소통연구소 이종혁 교수는 이렇게 강조한다.

"CEO의 소통 능력과 이미지가 기업을 살리기도, 죽이기도 한다."

과거에는 '상징적 자본symbolic capital'으로 불리는 기업의 평판과 이미지 정도만으로 충분히 유지가 가능했다. 정보의 유통 경로가 단순해서 기업이 주도적으로 정보를 관리할 수 있었던 것이다. 하지만 지금은 기업과 조직에 상징적 자본을 넘어 '사회적 자본social capital'이 절실히 요구된다. 기업의 최고경영진이 얼마나 소통을 제대로 하고 있으며, 이를 통해 브랜드에 호감을 불어넣을 수 있는지가 매우 중요한 자산이 된 것이다.

chapter 07

천재적 창의성

애플 창업자
스티브 잡스

잡스의 천재 페르소나는
애플의 창의성과
어떻게 조우하는가

"혁신은 지도자와
그를 따르는 자를 구별 짓는다."

스티브 잡스

한입 베어문 사과. 충성도 높은 마니아를 양산하며 IT업계의 절대강자로 군림한 애플의 로고다. 더할 것 없는 심플함과 최적의 디자인으로 사람들의 마음을 사로잡은 애플은 로고마저 남다르다. 프루테리언fruitarian이었던 히피 시절, 사과를 즐겨 먹던 경험과 아이작 뉴턴에 대한 존경의 표시로 잡스는 회사 로고로 사과를 골랐다. 사람들이 토마토로 오인할까 봐 베어문 흔적도 넣었다고 한다.

이 사과가 그려진 아이맥, 아이폰, 아이팟, 아이패드를 사람들은 좋아한다. 좋아하는 걸 넘어 사랑하고 신봉한다. 아이폰의 새 버전이 출시될 때마다 사람들은 밤을 새우며 매장 앞에 길게 줄을 선다.

스티브 잡스Steve Jobs, 그가 개발한 아이팟은 대중들이 음악을 듣는 방식을 바꿨고, 그것은 음악시장의 판도와 문화 자체를 혁신했다. 그리고 세상은 아이폰이 존재하는 때와 그렇지 않았던 때로 구별된다. 그렇게 애플은 인류의 삶과 생활 방식을 완전히 바꿔놓았다.

아무것도 발명하지 않고
세계를 바꾼 잡스의 PI전략

그 중심에 스티브 잡스가 있다. 그의 창조적인 카리스마, 극단의 미니멀리즘을 향한 집중, 인간의 감성을 반영한 아름다움의 추구… 이것이 오늘의 애플을 있게 한 토대다. 그리하여 사람들은 컴퓨터가 아닌 디자인을 사고, 핸드폰이 아닌 새로운 관계를 사며, 애플이 지향하는 혁신과 창의성을 산다. 소비자들은 이렇게 단순한 거래 가치의 만족을 넘어 애플이라는 브랜드에 열광하는 팬이 되길 자처한다.

"더 이상 뺄 수 없을 때까지 빼라!"
모두가 기능에 다른 기능을 결합하고,
핸드폰에 카메라를 더하는
디자인에 집중하고 있을 때,
잡스는 빼는 데 열중했다.

2010년 영국 경제전문지 〈파이낸셜타임스〉는 스티브 잡스를 '올해의 인물'로 선정하면서, 그가 아이패드를 공개하던 때를 '현대 기업의 역사에서 가장 놀라운 순간'이라고 평가했다. 이는 아이폰과 아이패드를 연이어 출시하면서 혁신의 아이콘으로 자리매김한 스티브 잡스의 카리스마와 영향력을 집약한 한마디라고 할 수 있다. 그 후로 애플과 잡스는 '창조성과 혁신'이라는 말의 동일어가 되었다.

'애플 I'을 구상하던 20대 시절부터 잡스는 '이 세상을 바꾸는 것이 사명'이라는 말을 입에 달고 살았다. 그런 사명을 가진 그가 내놓은 제품은 그저 단순한 기계가 아니었다. 그것에는 또 다른 세상, 그만의 철학이 담겨 있었다. '예술가와 디자이너의 기질'을 가진 그는 제품을 개발할 때 인간의 감성과 예술, 디자인을 중요하게 생각했다. 그래서 애플 제품이 출시되면 사람들이 "바로 내가 갖고 싶었던 물건이야"라고 말할 거라고 굳게 믿었다.

모니터와 본체가 합쳐진 일체형 컴퓨터 '아이맥'이 선풍적인 인기를 얻었을 때 잡스는 이렇게 말했다.

"디자인은 인간이 만든 창조물의 영혼이다. 제품이나 서비스라는 외양으로 표출되는 영혼이다."

그의 이런 전략은 적중했고, 그 결과 10억 달러 적자였던 회사는 불과 1년 만에 4억 달러의 흑자를 기록했다. 그리고 애플은 성공궤도에 올라섰다. 잡스는 자신의 철학과 정체성을 모두 제품에 반영했고, 시장은 열광했다.

"더 이상 뺄 수 없을 때까지 빼라!"

모두가 기능에 다른 기능을 결합하고, 핸드폰에 카메라를 더하는 디자인에 집중하고 있을 때, 잡스는 빼는 데 열중했다. 잡스가 선(禪)을 중심으로 동양철학에 심취했다는 사실과, 한 디자인의 옷만 입었다는 취향으로 유추하지 않고도, 그의 정체성은 분명하다.

"단순함, 그리고 나에게로의 집중!"

그는 서로 다른 것을 연결하고 통합해 시너지를 내는 융합과 재창조의 달인이기도 했다. 제조업 중심 시대에는 가능하지 않았던 비전을 이뤄냈는데, 아무것도 발명하지 않으면서 늘 세상을 놀라게 하는 제품들을 내놓은 것이다. 단지 이미 발명된 것들을 재해석하고 변형하고 연결시켜 혁신을 이뤘다. 그는 이처럼 기술을 인간의 미래 삶에 연결시키는 역할에서 한순간도 벗어나지 않았다.

이와 관련해 미국의 과학기술문화 잡지 〈와이어드〉와의 인터뷰는 그의 생각을 잘 보여준다.

창조라는 것은 여러 가지 요소를 하나로 연결하는 것입니다. 창조적인 사람에게 어떻게 그렇게 창의적으로 일할 수 있느냐고 물으면 대답하지 못할 것입니다. 왜냐하면 그들은 실제로 무엇을 한 것이 아니라 단지 뭔가를 본 것이기 때문입니다. 창의력은 그들이 경험했던 것을 새로운 시각으로 보고 연결할 수 있을 때 생겨나는 것입니다. 그것은 그들이 다른 사람들보다 더 많은 경험을 하고, 자신들의 경험에 대해서 더 많이 생각하기 때문에 가능합니다.

그러나 안타까운 사실은 능력이 부족하다는 것입니다. 컴퓨터업계에서 일하는 대부분의 사람들은 다양한 경험을 하지 못했습니다. 그래서 연결할 점들이 부족하므로 문제에 대해 폭넓은 관점을 갖지 못하고 일차원적인 해결책만 내놓을 뿐입니다. 인간의 경험에 대해 폭넓게 이해해야 훌륭한 디자인이 나옵니다.

스티브 잡스는 미적으로도 완벽하고 지속 가능한 제품을 만들어내기 위해 노력함으로써, 시각적인 아름다움과 기술적인 기능을 융합해 '완벽한 제품'을 '창조'했다. 그는 모든 제품을 개발할 때 제품의 출시만을 목적으로 하지 않았다. 제품의 전체 생애를 디자인하도록 직원들을 독려하고 자신도 그렇게 했다.

잡스의 '더할 것 없이 단순함'과 '집중' 전략은 자신뿐만 아니라 애플의 정체성에 철저하게 녹아들었다. 애플의 제품은 모두 이 전략에 맞춰 만들어지고, 마케팅과 홍보도 모두 같은 콘셉트로 이루어진다. 아이폰이나 아이패드는 제품의 기능을 설명하거나 자랑하는 광고를 하지 않는다. 생활 속에서 사용되는 모습, 여러 개가 아니라 단지 하나의 기능을 보여준다. 그리고 사용자는 애플에 집중한다. 더 정확하게는 애플이 만든 세상에 들어오면 그곳을 중심으로 모든 일이 일어나게 만드는 것이다.

애플 세상의 창조자, 혁신의 구루Guru, 프레젠테이션의 달인, 감각적인 디자인의 귀재, 다 빈치를 능가하는 21세기 유일한 천재, 금세기 최고의 혁신적인 기업가… 모두 스티브 잡스를 일컫는 수식어다. 그리고 이런 수식어들이 상징하는 이미지는 바로 애플로 연결된다.

애플이 먼저일까, 잡스가 먼저일까? 잡스가 애플을 만들었으니까 당연히 잡스가 먼저라는, 단순한 선후를 묻는 질문이 아니다. 바꿔 말해서 '사용자와 시장이 잡스 없는 애플을 과연 소비했을까?' 하는 원초적인 궁금함이다. 이는 결국 CEO의 PI가 기업의 본질을 결정하고, 소비자와 시장에 정신과 가치를 판다는 의미에서 중요한 대목이다.

그렇다면 사용자와 시장은 아이폰을 사는 것일까, 아이폰의 가치를 사는 것일까? 좀 더 간단한 질문이 되었다. 단순히 기능이라는 측면에서 보면 스마트폰은 대동소이하다. 비슷한 디스플레이를 하고, 같은 카메라를 장착하며, 비슷한 기능들을 집어넣기 때문이다. 그렇다면 '가치'라는 것이 의미가 없고, 오로지 가격에서 승부가 나야 논리적인 시장이다.

그런데 이 시장에서 유일하게 가치를 매기는 제품과 그렇지 않은 제품으로 나뉘는 아이러니가 발생한다. 단도직입적으로, 다른 브랜드가 동의하든 부정하든, 스마트폰 시장에서 소비자는 '세련됨', '혁신', '진보적', '마니아' 등의 가치를 애플에만 부여해서 제품을 구입한다. 다른 제품들은 가격, 그리고 기능과 신기술의 궁금함 정도로 구입 동기가 결정된다. 같은 시장이지만 소비자에게는 이미 다른 물건인 것이다.

스티브 잡스는 사업을 시작하던 그 순간부터 자신의 철학이 절대적으로 반영된 애플의 제품이 시장에서 그 가치로 거래되는 또 다른 세상을 내다보았을 것이다.

성공과 실패의 극단을 오가며
애플이라는 브랜드에 스토리를 입히다

경영계의 지형을 뒤흔든 잡스지만, 그는 탄탄대로를 걸어온 경영자가 아니다. 누구보다 성공과 실패의 부침을 많이 겪은 사람이다. 매킨토시 시절 기술적 우월감에 사로잡힌 잡스는 외부와 기술 협력을 하지 않는 오만한 경영자였다. 사람들로부터 '독재자'라는 비난을 받았고, 그 이유로 경영에 실패했다는 평가를 받았다.

그뿐 아니다. 과거 잠시 사귀다 헤어진 여성이 아이를 안

스티브 잡스가 곧 애플이라는 공식으로
잡스의 스토리가 회사에 이식되면서,
시장에서 동일체로 인식되었다.
스토리가 부여된 기업은
사람들에게 끊임없이 회자되고
오래 기억된다.

고 나타나 잡스의 딸이라고 주장한 일도 있었다. 친자검사를 통해 결국 자신의 딸임이 밝혀졌음에도 그는 아이를 외면했다. 1982년 〈타임〉은 '올해의 인물'로 잡스를 뽑을 예정이었지만, 그의 이런 파렴치한 행동 때문에 잡스 대신 '컴퓨터'를 올해의 인물로 선정하기도 했다.

그 후로 잡스는 내리막길을 걸었다. 야심차게 준비했던 애플Ⅲ도 실패했다.

"남은 인생을 설탕물이나 팔 것인가, 나와 함께 세상을 변화시킬 것인가?"라는 멋진 유혹으로 펩시콜라 출신의 존 스컬리John Sculley를 애플의 사장으로 영입했지만, 그에 의해 자신의 회사에서 쫓겨나는 수모를 겪었다.

하지만 잡스는 이런 실패의 경험들을 약으로 받아들였을 것이다. 이로 인해 그가 성장했는지, 정서적으로 더욱 안정되었는지는 단언할 수 없다. 실패 후에 그가 완전히 다른 사람이 되었다는 어떠한 증거도 없다. 하지만 잡스가 다양한 변수를 경험하고 절대적인 자기 집중에서 여유를 갖게 된 것은 분명해 보인다.

1986년 그는 애니메이션 회사 '픽사'를 세우고, 디즈니와

〈토이 스토리〉를 공동 제작한다. 디즈니와 일하면서 감성을 배우고, 여자와 어린아이의 언어를 배우고, 새로운 관점에서 디자인을 보는 경험을 한다. 여기에서 기술과 감성을 결합한 미래를 보았을지도 모른다. 이 시점을 기준으로 하드웨어 중심에서 소프트웨어와 콘텐츠가 중심축이 되는 패러다임의 전환을 이뤘다. 이를 바탕으로 스마트폰이라는 툴에 앱스토어라는 콘텐츠 유통 공간을 만들어낸 것이다.

자신이 창립한 애플에서 쫓겨났지만 재기에 성공하고 다시 애플의 CEO로 돌아온 스티브 잡스. 패러다임 전환을 통해 새로운 미래를 확신한 잡스는 소비자들에게 강하게 어필할 수 있는 존재가 되었다. 그리고 스티브 잡스가 곧 애플이라는 공식으로 잡스의 스토리가 회사에 이식되면서, 시장에서 동일체로 인식되었다. 스토리가 부여된 기업은 끊임없이 회자되고 오래 기억된다.

스토리로 브랜드에 힘을 더한 잡스는 그만의 독특한 프레젠테이션으로 고객의 마음을 훔쳤다. 획기적인 신제품을 만들어내는 데도 탁월했지만, 신제품을 출시할 때마다 직접 프레젠테이션을 함으로써 사람들의 기대를 충족시켰다. 늘 검은 터틀넥 스웨터에 청바지를 입고 나타나 쇼를 하듯 프레젠테이션을 즐기는 그를 보면서, 소비자들은 애플에 대해서도 동일한 이미지를 갖게 되었다. 그의 행동 하나하나가 '젊고 진취적이고 한 편의 놀라운 쇼 같은' 애플의 이미지를 만든 것이다. 브랜드 경영 이론의 대가인 데이비드 아커David Aaker는 자신의 책《데이비드 아커의 브랜드 경영Building Strong Brands》에서 다음과 같이 말했다.

"강력한 브랜드란 무엇인가? 여기 오렌지가 있다. 이것도 오렌지고, 저것 역시 오렌지다. 그럼에도 불구하고 소비자의 80퍼센트가 이 오렌지라는 과일의 이름을 썬키스트로 알고 있거나 믿고 있다."

이것이 브랜드가 지닌 힘이다. 잡스가 자신의 철학과 스토리를 입혀 고집스럽게 만들어낸 '애플'이라는 브랜드도 이런 힘을 가지고 있다.

잡스 개인의 페르소나가
가지고 있는 부정적인 측면은,
그것이 애플의 경영자로 전환되는 순간
절묘한 빛을 발했다.
괴팍함은 천재성과 조우했고,
집요한 완벽주의는
최상의 제품으로 화답했다.

괴팍한 독재자인가,
천재적이고 탁월한 경영자인가

스티브 잡스의 삶은 분명 불행과 성공의 극단을 오간 롤러코스터였고, 그에 대한 세간의 평가 역시 극단적으로 갈린다. 괴팍한 성격파탄자라 함께 일하기 힘들다는 비난이 있는가 하면, 또 한편에선 천재적으로 탁월한 경영자라고 평가한다. 2010년 세계 최대 규모의 직장 평가 사이트 글래스도어닷컴Glassdoor.com의 설문조사 결과를 보면, 당시 잡스의 지지율은 무려 98퍼센트다. 역대 미국 기업인 중 3위였다.

그는 디테일한 디자인까지 일일이 퇴짜 놓는 등 집요한 완벽주의로 사람들을 힘들게 했으나, 같이 근무한 동료들은 여전히 회사와 그에게 충성스러웠다. 이는 스티브 잡스라는 개인이 지닌 페르소나를 훨씬 뛰어넘는 경영자 스티브 잡스의 페르소나 때문이며, 그것이 애플이 표방하는 브랜드의 비전과 적절히 맞아떨어졌기에 가능한 일이었을 것이다.

페르소나persona는 겉으로 드러난 외적인 성격을 일컫는 심리학 용어로, 인격의 '가면'을 뜻하기도 한다. 《페르소나 마케팅 The Persona Principle: How to Succeed in Business with Image Marketing 》의 저자 데릭 리 암스트롱Derek Lee Armstrong은 이렇게 말한다.

"사람들은 각기 다른 성격personality을 갖고 있으며, 개인의 진정한 성격은 자기 자신도 완전히 파악하기 어렵다."

즉, 다른 사람의 내적 성격은 알기 어려우며, 타인을 판단할 때는 겉으로 드러난 외적인 성격으로 그를 판단할 수밖에 없다는 것이다.

페르소나, 인격의 가면… 우리는 특별히 의도하거나 전략을 세우지 않아도 다양한 페르소나를 갖고 살아간다. 이를테면 회사에서는 냉철한 투자분석가로 맡은 바 일을 탁월하게 해내는 능력자지만, 사적으로는 인간관계에 서툴러서 친구하나 없는 외톨이일 수 있다. 밖에서는 유쾌하고 쾌활한 골목대장으로 리더십이 있는 아이지만, 집에서는 공부 잘하는 형에게 치여 매일 비교만 당하는 천덕꾸러기 아들일 수 있다. 이처럼 우리는 만나는 사람, 상황, 조직에 따라 자기 얼굴을 조금씩 바꾼다.

잡스의 경우, 개인으로 본다면 품성이 원만하고 좋은 사람은 아니었을 것이다. 그는 어린 시절 친부모에게 버려져 입양됐으며, 생부인 잔달리가 공개적으로 만나려 했지만, 응하지 않았다. 학창 시절에는 '사고뭉치'로 학교를 중퇴했고, 성인이 돼서는 자신의 아이를 가진 여자를 내쳤으며, 함께 일하는 사람들을 함부로 대했다는 수많은 증언이 있다. 매킨토시 시절에는 '주당 90시간 근무가 좋아'라고 새겨진 티셔츠를 직원들에게 입히기도 했다.

그러나 잡스 개인의 페르소나가 가지고 있는 부정적인 측면은, 그것이 애플의 경영자로 전환되는 순간 절묘한 빛을 발했다. 괴팍함은 천재성과 조우했고, 집요한 완벽주의는 최상의 제품으로 화답했다.

잡스가 리더로서 표방한 페르소나는 탁월했다. 놀라운 통찰력과 직관으로 늘 두세 발 앞서 내다봤으며, 직원들의 열정을 불러일으키는 동기부여 전문가였다. 그는 확실하게 비판하고 확실하게 칭찬했다. 독재자처럼 굴었지만 수동적인 직원은 좋아하지 않는 등 당근과 채찍을 탁월하게 활용한 철저한 전략가였다. 그의 압박은 직원들의 잠재력을 끌어올렸고, 그의 칭찬은 희소한 만큼 가치가 컸다.

잡스는 광고와 마케팅에서도 솔선수범했으며, 사옥을 짓

무엇을 하지 않을지 결정하는 것이
무엇을 할지 결정하는
것만큼이나 중요하다.
기업도 그렇고, 제품도 마찬가지다.

는 일도 자신이 맡아 직원들이 회사를 집처럼 느끼면서 편안하게 일할 수 있도록 세심하게 배려했다. 그는 나설 때와 물러설 때를 잘 알았고, 제품 개발자들에게 힘을 실어주었다. 그가 그냥 괴팍하고 성질 더러운 사람이기만 했다면, 앞뒤 안 가리는 독재자라는 특질만 있었다면, 충성스러운 직원도 지금의 애플도 없었을 것이다. 더구나 세상을 변화시키는 성취는 결코 이룰 수 없었을 것이다.

장기간에 걸쳐
일관된 이미지를 지속적으로 추구하라

최고의 브랜드에는 공통점이 있다. 장기간에 걸쳐 일관된 이미지를 지속적으로 추구해왔다는 점이다. 브랜드에는 유기체적인 성격이 있다. 따라서 이를 잘 관리하는 것이 무엇보다 중요하다. 오늘날 브랜드 이미지 관리는 사실상 페르소나 관리가 핵심이다. 그런 면에서, 혁신성과 창조성으로 표상되는 애플은 브랜드 페르소나와 CEO의 페르소나가 절묘하게 결합된 성공 브랜드라고 할 수 있다.

"다르게 생각하라!"

1997년 애플의 CEO로 복귀한 지 얼마 안 돼 잡스가 만든 캠페인 광고다. 이 광고에는 알베르트 아인슈타인, 파블로 피카소, 밥 딜런, 마틴 루서 킹, 존 레넌과 오노 요코, 리처드 브랜슨, CNN 창업자 테드 터너 등이 등장한다. 이들은 세상을 바꾸고 인류를 진보시킨 사람들이며, 잡스는 이들을 '미친 사람으로 불리는 천재'라고 칭했다. 그는 '다른' 애플을 절박하게 원했고, 애플은 최고의 단순함으로 복잡함을 넘어서며 무언가를 보태기보다 빼는 데 집중해야 한다는 확고한 비전을 확립했다.

스컬리에게 쫓겨났다가 복귀한 1997년 당시 애플은 10여 종의 매킨토시 제품을 비롯해 수많은 컴퓨터 주변기기를 닥치는 대로 생산하고 있었다. 몇 주 동안 제품들을 검토한 잡스는 모든 제품의 생산을 중단했다. 그리고 화이트보드를 향해 걸어가 2×2 매트릭스를 그렸다. 각각의 칸에 '일반인용consumer과 전문가용pro, 데스크톱desktop과 휴대용portable'이라는 단어를 적어넣고는 직원들에게 각 사분면에 해당되는 제품

하나씩에만 주력하고, 나머지 제품은 모두 없애도록 했다. 잡스는 애플이 단 네 개의 컴퓨터를 만드는 데 집중하도록 함으로써 애플을 구원했다.

"무엇을 하지 않을지 결정하는 것이 무엇을 할지 결정하는 것만큼이나 중요하다. 기업도 그렇고, 제품도 마찬가지다"라는 그의 신념이 반영된 결과였다.

이후 잡스는 기능 중심에서 벗어나 제품에 감각과 가치를 입히기 시작했다. 당시만 해도 IT제품을 만들면서 기능보다 디자인을 중심에 놓는 것은 시대 선도적인 일이었다. 그는 디자이너 조너선 아이브Jonathan Ive를 영입해, 직선에서 벗어나 곡선으로 이루어진 새로운 가치로 PC를 디자인하도록 했다. 단순히 제품의 디자인을 넘어 아름다운 가치를 만들어내고, 획일화된 관념에 대해 도전하며, 변화의 이정표를 제시하는 일이었다.

잡스는 애플의 문제를 바로잡았다. 더 나아가 산업계 전반에 새로운 패러다임을 제시했고, 애플을 명확한 정체성을 가진 가치를 파는 브랜드로 만들었다. 그는 자신이 만든 가장 위대한 작품이 무엇이냐는 질문에 이렇게 대답했다.

"내가 만든 가장 뛰어난 창조물은 애플, 그 자체다!"

잡스는 위대한 제품을 만드는 것보다 오래 지속되는 기업을 만드는 것이 훨씬 힘들고 중요하다고 이야기했다. 일관된 이미지를 지속적으로 추구해 브랜드 자체에 생명을 부여하는 것, 그렇게 시대를 관통해서 지속 가능한 기업을 만드는 것, 그것이 잡스가 꿈꾸는 애플이었다.

스티브 잡스는 없다. 하지만 그는 매순간 새롭게 존재한다. 태어남과 죽음이라는, 이토록 단순한 유기체의 사이클처럼, 그 속도만큼 잡스는 다시 태어난다. 절대적인 단순함으로, 철저한 나에게로의 집중으로!

잡스는 이렇게 말했다.
"내가 만든
가장 뛰어난 창조물은
애플, 그 자체다!"

chapter 08

고객만족

사우스웨스트항공 창업자이자 전 CEO

허브 켈러허

존중과 배려를 받는
직원들의 정신은 모방할 수 없다

**"회사가 직원들을 왕처럼 모셔야
직원들이 고객에게 최상의 서비스를 제공할 수 있다."**

허브 켈러허

1994년의 어느 날, 허브 켈러허Herb Kelleher의 책상 위에 놓인 〈USA 투데이〉에는 다음과 같은 내용의 전면광고가 실려 있었다.

> 감사해요, 허브. 우리 모두의 이름을 기억해주고, 맥도날드 하우스를 지원해주고, 추수감사절에 고객들의 수하물을 직접 날라주어서. 우리 모두에게 키스해주고, 우리 이야기를 들어주고, 이윤이 남는 항공사로 키워주고, 휴일 파티에 노래를 불러주고, 보스가 아니라 친구가 되어준 것에 대해, 경영자의 날을 맞아 진심으로 감사드립니다.

사우스웨스트항공의 직원 16,000여 명이 경영자의 날을 맞아 비용을 각출해서 실은 광고다. 당시로서는 매우 이례적인 광고였고, 특히 직원들이 돈을 모아 경영자에게 감사의 메시지를 광고한다는 것은 지금 봐도 매우 특별해 보인다. 어떤 배경이 있었을까?

가장 중요한 것은
사람의 마음을 얻는 것이다

허브 켈러허는 1971년 사우스웨스트항공을 창립한 뒤 1973년부터 69분기 연속 흑자를 기록하면서, 영세 항공사를 매출 기준 미국 4대 항공사로 성장시켰다. 저비용항공사의 원조로 언급되지만, 사우스웨스트항공은 이미 글로벌 기업의 반열에 올라 있고 존경받는 기업으로 자리를 잡았다.

"우리 회사의 직원이 우선 행복해야 합니다. 그러면 나머지는 행복한 직원들이 알아서 해결합니다."

우리 회사의 직원이
우선 행복해야 합니다.
그러면 나머지는 행복한
직원들이 알아서 해결합니다.

〈포춘〉이 블라인드 인터뷰한 사우스웨스트항공 수리공의 말이다. 최고경영자가 보여주기식 이벤트가 아니라, 수시로 작업장에 나타나 같이 일하다 보니, 사우스웨스트항공은 기장이 기내 청소를 같이 하는 등 조직의 위계보다 각자의 역할로 상호 존중하고 돕는 문화가 자연스럽게 형성되었다.

그는 지위고하를 막론하고 모두를 공평하게 대했다. 나아가 자신이 리드하는 사람들에게 충실하고 헌신적으로 봉사했다. 직원들과 인생의 즐거움은 물론 괴로움도 함께했고, 그렇게 쌓아온 신뢰를 바탕으로 그들은 서로 마음을 나눴다. 그런 관계였기 때문에 직원들이 그런 광고를 냈던 것이다.

저가항공의 탄생과 비상의 핵심,
일하듯이 놀고 놀듯이 일하라

1992년 3월 미국 댈러스의 한 레슬링 경기장. 사우스웨스트항공의 허브 켈러허 회장이 재미난 복장을 하고 경기장에 들어선다. 1,800여 명의 직원들이 일제히 허브의 이름을 외

치며 열띤 응원을 했고, 그는 경쟁사 스티븐슨 회장과 팔씨름으로 맞붙었다.

회사 로고 문제로 경쟁업체와 분쟁이 발생하자 켈러허가 경쟁사 CEO에게 팔씨름으로 사태를 해결하자고 제안한 것이다. 이 승부에서 켈러허는 10초 만에 패했다. 하지만 애초에 승부는 이미 관심사가 아니었다. 그는 유쾌한 리더였고 온유한 승부사였기 때문에, 직원과 경쟁사 모두에게 '사람 냄새'를 전하고 싶었던 것이다. 그 이벤트를 계기로 경쟁사와 공동으로 로고를 사용할 수 있게 되었고, 반목할 수밖에 없는 관계에서 벗어나 상생할 수 있었다. 막대한 광고효과는 서로간의 보너스였다.

이 느닷없는 팔씨름 승부에서 알 수 있듯이, 켈러허는 '미국에서 가장 웃기는 경영자'로 불리며 유머 경영 혹은 펀 경영을 실천한다. 점잖은 오찬장에 엘비스 프레슬리 복장으로 나타나고, 청바지 차림으로 이사회에 참석하며, 토끼 분장으로 출근길 직원을 놀라게 하기도 한다. 이와 비슷한 경험을 사우스웨스트항공사의 모든 직원은 때때로 하게 된다. 그가 유머에 집착하는 이유는 조직의 위계를 허물고 서로 여유로운 마음으로 대할 수 있게 되기 때문이다.

켈러허는 "유머는 조직의 화합을 위한 촉매제"라면서, 늘 일이 즐거워야 함을 강조해왔다. 즐겁게 일하는 자세를 그 무엇보다 중요시하는 그의 마인드는 직원을 채용할 때에도 고스란히 드러난다. 다른 기업들은 화려한 스펙과 경력을 중심으로 인재를 뽑지만, 그는 달랐다. 1978년 회장으로 취임한 후, 유머감각이 있는 사람을 채용하라는 특별 지시를 내렸고, 다음과 같은 구인광고를 내기도 했다.

즐겁게 일하고 싶으신가요? 그럼 사우스웨스트항공으로 오세요. 있는 그대로의 모습으로 일하고, 약간의 반항도 허용되며, 누구나 존중과 배려를 받는 곳. 언제라도 엘비스를 만날 수 있고 바지는 벗어도 입어도 되는 곳입니다.

그는 실력이나 경력보다 태도가 중요하다고 말한다. 자발적으로 일하고 낙관적이며 도전을 좋아하고, 흔쾌히 다른 이를 도와주는 사람이 그가 찾는 인재다. 이런 태도를 지닌 사람이 사우스웨스트항공이 지향하는 긍정적인 문화를 체화하고 확산시킬 수 있기 때문이다. 직원을 뽑을 때부터 기업 문화에 기꺼이 녹아들 수 있는지를 고려하는 것이다.

직원들이 즐거우면 고객이 즐겁고
결국 주주가 즐겁다

켈러허는 직원들이 회사에서 경험하는 대로 고객들과도 즐겁게 유머로 소통하길 원한다. 그래서일까. 사우스웨스트 항공은 독특한 기내방송으로 유명하다. 비행기가 매끄럽게 착륙하지 못하자 한 기장이 이런 방송을 내보냈다.

"방금 강한 충격이 있었습니다. 이것은 항공사의 잘못도, 조종사의 잘못도, 승무원의 잘못도 아닙니다. 아스팔트의 잘못입니다."

이에 대해 미국 연방항공국은 장난스러운 기내 방송으로 정보 전달에 문제가 있었다면서 문제를 제기했다. 하지만 켈러허는 재미있는 안내방송에 승객이 더 집중한다는 반론을 제기했고, 연방항공국은 결국 시정명령을 철회했다.

무형의 것이 유형의 것보다
더 중요한 이유는 유형의 것은
모방이 가능하기 때문이다.
경쟁자는 비행기를 구입할 수도,
티켓 카운터를 세널 수도 있다.
하지만 직원들의 정신은
쉽게 모방할 수 없다.

"무형의 것이 유형의 것보다 더 중요한 이유는 유형의 것은 언제나 모방이 가능하기 때문입니다. 경쟁자는 비행기를 구입할 수도, 티켓 카운터를 세널 수도 있습니다. 하지만 직원들의 정신은 쉽게 모방할 수 없죠."

켈러허는 본성적으로 인본주의적인 사람이며, 물질적이거나 제도적인 것보다 정신적인 유대감으로 사업을 해나가고 있다.

미국 항공업계에서 역사상 최악의 악재는 9·11 테러였다. 이 비극으로 전 세계가 충격에 빠졌고, 항공산업은 직격탄을 맞았다. 비행기를 이용하는 여행객이 순식간에 20~30퍼센트 이상 줄었고, 항공사들은 곧바로 비상 경영에 돌입했다. 기본적으로 비상 경영에는 비용을 감축하기 위한 조치들이 뒤따른다. 자산을 매각하고 불요불급한 사업을 축소하며 인력을 조정하게 된다. 보잉사, 유나이티드항공, 콘티넨털항공 등 업계의 주요 기업들이 직원을 해고하는 인력감축안을 발표했다. 9·11 테러 이후 일주일 만에 미국 항공사들이 해고 발표한 근로자 수가 7만 명에 달했다.

그러나 사우스웨스트항공은 단 한 명의 직원도 해고하지

않았다. 산업 전반에 불어닥친 태풍을 피해서가 아니라 최고 경영자의 분명한 의지 때문이었다. 켈러허는 항공사의 직원들과 정서적으로 맞닿아 있기 때문에, 그들을 대체 가능한 기능으로 판단하지 않는다. 결국 사우스웨스트항공은 창립 이후 처음으로 10억 달러를 대출받아 직원들의 임금을 지급했다.

"직원, 주주, 고객 중에서 직원이 가장 우선시되어야 합니다. 우리의 가치는 명쾌합니다. 직원을 존경하고 보살피고 보호하는 것입니다. 그러면 직원들은 서로를 보살피고, 고객을 보살필 것입니다. 결국 주주에게 즐거움을 줄 것입니다."

직원을 사랑하고 직원들로부터 사랑받는 리더란 이런 것이다. 직원에 대한 사랑은 고객에 대한 사랑으로 이어진다는 게 켈러허의 철학이다. 결과적으로 직원을 최우선시하는 기업문화가 수익 창출과 글로벌 기업으로 도약하는 학습효과를 거둔 셈이다.

사우스웨스트항공사는 지속적으로 선호도가 높은 기업으로 평가받고 있다. 이 선호도에는 사용자들의 이용 선호도와 구직자들의 취업 선호도가 있는데, 반드시 동일한 곡선을 그리지는 않는다. 아마 켈러허는 취업 선호도가 높은 기업이라는 평가가 더 만족스러울 것이다. 직원들이 만족하는 기업이 훨씬 본인의 가치철학에 맞고, 전략적으로도 옳다는 것을 경험칙으로 알게 되었기 때문이다.

기업이 커질수록 경영에는 수없이 많은 변수가 생긴다. 여기에는 예측 가능한 변수도 있고 예측 불가능한 변수도 있는데, 시장에서 최악의 상황은 예측 불가능한 변수를 많이 안고 있는 것이다. 나쁜 의사결정보다 더 나쁜 것이 불확실성을 지속적으로 방치하는 것이다.

그런데 경영에서의 변수에는 시장 상황의 변화만이 아니라 사업을 영위하는 사람의 변화도 포함된다. 흔히 말하는 'CEO 리스크'라는 것이 대표적인데, 의사결정의 복잡성과 개인적인 불확실성으로 예측을 어렵게 하는 것이다.

현명한 기업가는 변수를 최대한 줄이기 위해 노력한다. 그래야 불확실성이 줄어들고 시장에서 지속적인 신뢰를 유지할 수 있기 때문이다. 이런 관점에서, 사우스웨스트항공의 최고경영자 켈러허는 매우 최적화되어 있다. 그는 여러 변수 중에서 오직 하나의 테마에 집중한다. 나와 내 회사에서 함

경영진에 의해
브랜드가 훼손되는 것은
관리하기가 매우 어렵다.
왜냐하면 시장과 소비자에게 전달되는
충격보다 사내와 직원들에게
전해지는 불안정성이
너무 크기 때문이다.

께 일하는 직원들에게 집중하고 그들을 위해 할 수 있는 모든 방법을 찾는 것이다. 그리고 시장과 고객, 안전과 기술 등 사업을 영위하기 위해 필요한 변수의 통제와 관리는 그 직원들이 최선을 다해 감당한다. 최고경영자가 좌고우면하지 않고 안정감을 주기 때문에 CEO에 대한 불안감도 없다. 이는 매우 전략적인 선택이다. 하지만 모든 변수 중에서 가장 관리하기 어려운 것이 사람이기 때문에, 본성적으로 공감 능력이 받쳐주지 못하면 매우 어려운 일이다.

직원을 섬기는 서번트 리더십이야말로 가장 탁월한 PI전략이다

제임스 C. 헌터James C. Hunter는 《서번트 리더십》에서 이렇게 말했다.

"리더십의 본질은 '사랑'이다. 사랑에는 인내, 친절, 겸손, 존중, 이타주의, 용서, 정직, 헌신 등이 모두 포함된다. 그래서 사랑이란 타인을 향한 감정이 아니라 타인을 향한 행동이다."

허브 켈러허는 '서번트 리더십servant leadership'의 전형을 보여준다. 그는 상하관계를 떠나서, 주변에 있는 사람들을 통제하기보다 먼저 봉사함으로써 조직의 안정과 성장을 이뤄낸 사람이다. 그가 편 경영으로 얻으려 한 것은 단순한 재미가 아니라 사람들의 마음이었다. 기계장치가 경쟁력이 아니라 사람과 문화, 전략 등 무형의 것이 경쟁력임을 제대로 인식한 것이다.

앞서 기업의 불확실성과 CEO리스크에 대해 언급했는데, CEO리스크 관리가 PI전략의 최종 목적이다. 여기서 '관리'라는 것은, 소비자와 시장에서 긍정적으로 반응할 수 있는 요소는 발굴하고, 회사와 브랜드에 부정적인 영향을 미칠 만한 것들은 최대한 방어하는 전략이다.

미국의 한 시장조사회사가 실시한 기업시민의식 조사 결과에 따르면, 회사와 최고경영자의 부정적인 활동을 알게 되었을 때, 소비자의 91퍼센트는 '그 회사의 제품을 쓰지 않겠다'고 답했다. 또 85퍼센트는 부정적인 정보를 가족과 친구들에게 알리겠다고 했으며, 83퍼센트는 그런 회사에 투자하지 않겠다고 응답했다. 응답자 중 80퍼센트는 그 회사에서 일하지 않겠다고 했으며, 심지어 불매운동을 벌이겠다고 답한 비율도 76퍼센트에 이르렀다.

제품의 문제로 인한 리스크는 차라리 관리하기가 쉬운데, 경영진에 의해 브랜드가 훼손되는 것은 관리하기가 매우 어렵다. 그 이유는, 시장과 소비자에게 전달되는 충격보다 사내와 직원들에게 전해지는 불안정성이 너무 크기 때문이다. 일을 해야 하는 주체들이 자존감을 잃고 업무 능력에 손상을 입게 되면 결국 사업이 어려워질 수밖에 없다. 이런 면에서 보더라도, 켈러허는 정신적인 기업문화가 뿌리내려야 외부의 환경이 변해도 흔들리지 않을 수 있다는 사실을 이미 잘 알고 있었던 셈이다.

고객이 항상 옳다는 말은
틀렸다!

"기업들이 거의 종교적인 믿음처럼 신봉하고 있는 '고객은 항상 옳다'라는 말은 완전히 틀렸다. '기내에서 폭음을 하고, 이유 없이 직원을 괴롭히는 불량(?) 고객'은 과감히 비행기에서 내리도록 해야 한다."

켈러허가 아주 오래전부터 갖고 있는 신념이다. 당연히 이런 신념에는 직원의 행복을 최우선 가치로 삼는 최고경영진과 기업의 철학이 반영되어 있다. 실제로 사우스웨스트항공은 불량 고객의 난폭한 항의 편지에 "우리는 당신과 헤어지게된 것을 섭섭하게 생각합니다"라는 답장을 보내기도 했다.

켈러허가 CEO로 재임하는 동안 사우스웨스트항공은 계속 흑자를 기록하며 고속 성장했다. 저가항공사의 특성상 항공업계의 평균 연봉을 밑돌았음에도, 1999년부터 〈포춘〉이 선정하는 '일하고 싶은 직장 톱 10'에 사우스웨스트항공사는 빠지지 않고 꼽혔다. 그리고 69분기 연속 흑자를 기록하며 30년 평균 주가수익률 1위, 세계에서 가장 존경받는 기업 2위로 선정되기도 했다.

직원 한 명이 수송하는 승객수는 경쟁사의 2배에 가깝고, 정시운항·고객만족·수하물배송 세 분야에서 32년 연속 1위를 할 만큼 생산성도 높다. 노조 가입률이 80퍼센트 이상이지만 노사분규는 거의 없었다.

사우스웨스트항공은 항공업계 최초로 모든 직원에게 회사 주식을 나눠줬다. 5년마다 주가가 2~3배 뛰었기 때문에 사실상 굉장히 큰 인센티브인 셈이다. 업계 대비 낮은 급여를 보충하는 효과도 있었겠지만, 계약으로 맺어진 관계가 아니라 공동체로 이어졌다는 주인의식을 갖게 되었다는 점에서 더 큰 효과를 거둔 것으로 보인다.

2008년 허브 켈러허는 일선에서 물러났다. 1971년에 비행기 한 대로 시작한 사우스웨스트항공을 2008년 미국 4위의 항공사로 만든 다음이었다. 《너츠Nuts!: Southwest Airlines' Crazy Recipe for Business and Personal Success》의 저자 케빈 프라이버그Kevin Freiberg는 켈러허의 성공을 다음과 같이 분석했다.

"켈러허는 돈이 아니라 변화에 집중했다. 더 많은 사람이 비행기를 이용할 수 있도록 산업을 변화시킬 방법을 고민했다. 그렇게 미국 항공산업을 변화시킨 것이다. 그리고 그 변화의 핵심에는 사랑으로 결속된 든든한 직원들이 튼튼한 회사를 지속시킨다."

내부 고객! 마케팅의 관점에서 직원을 고객처럼 대하라는 말을 에두른 표현이지만, 현재의 경영학에서 매우 중요하게 여기는 키워드다. 실제로 기업을 이루어나가는 주체도 직원이지만, 리스크가 내부에서 발생하면 대처하기가 훨씬 어렵기 때문에 더 관리를 잘해야 한다고 말한다. 사우스웨스트항공사의 허브 켈러허는 이미 처음부터 직원들을 '내부 고객'보다 더 상위 개념에 두는 경영철학을 확립했다. 최고경영자가 태생적 PI로 체득하고 있었던 것이다.

관리해야 하는 고객이 아니라, 고객보다 더 우선적으로 만족시켜야 하는 직원! '관리'의 대상이 아니라 '동행'하는 동반자!

"삼류 리더는 자기의 능력을 사용하고, 이류 리더는 남의 힘을 사용하고, 일류 리더는 남의 지혜를 사용한다."

한비자(韓非子)는 일류 리더를 '타인의 머리와 마음을 얻는 자'라고 정의했다. 그걸 빼앗아서 본인이 쓰는 게 아니라, 그 지혜의 주인이 최대한 능력을 발휘할수록 하는 것이라고 해석할 수 있지 않을까.

chapter 09

칠전
팔기

알리바바그룹 회장
마윈

자수성가형 CEO의
브랜드 가치가
기업에 미치는 영향

"오늘은 잔혹하고 내일은 더욱 잔혹할 수 있지만 모레는 밝은 빛이 내리쬘 수 있다."

마윈

지난 고도 성장기 동안 우리나라에는 자수성가한 사업가가 많았다. 수많은 고난과 역경을 넘어 드라마틱한 성공을 이룬 1세대 창업자, 그중에서도 대표 격은 고 정주영 현대그룹 회장일 것이다. 그는 가난한 시골마을의 소작농 아들로 태어나 초등학교만 졸업하고, 집안의 유일한 재산인 소를 팔아 서울로 가출해 온갖 고생을 하며 사업을 일궜다.

"시련은 있어도 실패는 없다!"

"해봤어?"

정주영 회장이 습관처럼 내뱉은 말들은 그의 드라마틱한 성공 스토리를 보여주고, 그가 세상에서 어떻게 평가되는지를 증언한다. 결국 '시장이 정주영 회장을 어떻게 보는가?' 그리고 '그는 어떻게 보이기를 원하는가?'가 PI의 핵심이다. 정 회장을 관통하는 키워드는 '결국은 해낸다'이다. 정주영 회장이 손대면 아무리 불가능해 보이는 일도 결국 해낸다는 믿음을 주는 것이다.

여기 정주영 회장의 드라마틱한 삶, 그리고 대중이 그에게 보여주는 신뢰라는 면에서 비슷한 중국의 기업가가 있다. 명실상부 중국을 대표하는 스타 CEO, 알리바바(阿里巴巴) 그룹의 마윈(馬雲)이다.

수많은 실패를 딛고 일어선 창업자의 스토리는 어떤 가치를 지니는가

2018년 1월, 마윈의 알리바바는 미국 뉴욕증권거래소에서 시가총액 5,000억 달러(약 550조 원)를 돌파했다. 이는 미국 뉴욕 증시에 상장한 중국 기업으로는 최초의 사례이고, 구글이나 아마존보다 먼저 시총 1조 달러를 넘어설 것이라는 전망

아무런 실적이 없고,
핵심적인 지적재산권을
보유하지도 못한 기업에서
투자를 유치할 수 있는 방법은
사람밖에 없다.
마윈은 해낼 수 있는 사람에게
투자한다.

도 나왔다. 알리바바는 기업의 전자상거래 사이트로, 사업의 구조는 단순하다. 그래서 알리바바의 성공을 말할 때 사업 분석보다 창업자의 '할 수 있다'는 드라마틱한 스토리가 더 설득력이 있다.

마윈은 사업가 DNA를 타고났다기보다 평범한 현실적 도전의 실패가 만든 사업가라는 표현이 적절해 보인다. 학창 시절 중학교조차 입학하지 못할 정도로 낙제생이었고, 대입 시험에서는 120점 만점에 1점밖에 받지 못했다. 그리고 하버드대학에 열 번이나 도전했지만 모두 입학을 거절당했다. 그 후 항저우대학에서 영어를 전공하고 학위를 받았지만, 졸업 후 원서를 낸 30여 개의 회사에서 모두 탈락했다. 치킨 매장인 KFC에 이력서를 내고 24명이 면접을 봤는데, 그중에서 마윈만 떨어지기도 했다. 마윈은 그만큼 사회가 원하는 정량적·정성적 스펙을 갖지 못한 인물이었다.

마윈은 결국 작은 영어학원에서 강사로 사회생활을 시작했다. 특유의 성실함으로 강사직을 잘 수행했지만, 작은 학원의 영어 강사직은 마윈을 담을 수 있는 그릇이 아니었다. 그는 이때부터 사업에 대한 열망을 품는다.

처음으로 차린 영어 통번역 회사는 경리 여직원의 횡령으로 실패한다. 그는 여행 가이드를 하면서 그다음 창업을 시도한다. 그렇게 만든 회사가 알리바바다. 하지만 직원 17명인 회사가 수년 동안 1원의 매출도 올리지 못했고, 외부 환경도 닷컴버블이 가라앉으면서 고전을 거듭하는 상황이었다. 결국 설립한 지 5년도 안 돼 부도 직전까지 몰린다.

시장의 논리는 명쾌하다. 잘되는 회사는 투자가 몰리고 어려운 회사에는 누구도 투자하지 않는다. 투자가 더 급한 것은 사실 형편이 어려운 회사인데 말이다. 투자는 결국 미래보다는 과거를 보는 보수적인 속성이 있기 때문이다.

마윈은 회사를 살리고자 고군분투했다. 어쩌면 당연한 일이겠지만, 실리콘밸리에 계속 제안한 투자는 모두 거절당했다. 하지만 마윈에게는 집념과 끈기라는 자산이 있었다. 아무런 실적이 없고, 핵심적인 지적재산권을 보유하지도 못한 기업에서 투자를 유치할 수 있는 방법은 사람밖에 없다.

"투자를 하다 보면 사람이 보이기 시작합니다. 회사의 외형이 아무리 번듯해 보여도 오너가 일을 제대로 해낼 수 없는 사람이면 투자 안 합니다. 반대로 아무것도 없어도 반드시 해내겠다 싶은 사람이 있습니다. 그럼 결국은 그 사람에게 투자를 하게 됩니다."

마윈에게는 의지와 집념을 보여줄 수 있는 능력이 있었고, 마침내 믿고 투자해줄 수 있는 능력이 있는 사람이 나타났다. 투자는 얼마나 받았는지보다 누구에게 받았는지에 따라 시장에서 기업의 신뢰도가 완전히 달라지고, 투자가 더 이루어질지 여부도 결정된다. 마윈과의 '6분 대화'에서 전격적으로 투자를 결정한 이는 일본 소프트뱅크의 손정의 회장이었다.

"여러 가지 이유로 투자를 하지만 기본은 수익이다. 마윈은 분명히 투자한 것보다 엄청난 수익을 내줄 사람이다. 당연히 투자해야 한다."

손 회장은 마윈에게 투자를 하면서 엄청난 수익을 점쳤다. 그는 오랫동안 많은 투자를 해왔으며, ARM과 우버 등에 투자하면서 투자의 혜안을 가진 사람으로 평가받는다. 그런 손 회장이 알리바바가 아니라 마윈에 투자했다고 말하는 건 의미가 있다. 그렇게 투자한 200억 원이 알리바바 상장 후 60조 원으로 바뀌었으니, 손정의 회장은 분명히 해낼 사람에게 투자한 셈이다.

손 회장이 투자한 후 야후Yahoo!도 10억 달러를 투자했다. 마윈은 사업을 하면서도 9년간 항저우를 찾은 외국인들의 영어 가이드를 했다. 사람들을 만나면서 새로운 세상에 눈떴고, 오늘날 거대기업 알리바바를 만드는 데 중요한 역할을 한 야후 공동 창업자 제리 양과의 만남도 이때 이루어졌다. 손정의 회장의 소프트뱅크로부터 유치한 투자금으로 야후 재팬을 성공시킨 제리 양은 휴가차 중국을 방문했는데, 그때 만난 만리장성 투어가이드가 바로 마윈이었다.

손정의 회장처럼 사람에게 투자하기 위해서는 조건이 있어야 한다. 단순히 성공과 실패의 횟수가 중요한 것이 아니다. 사업가는 누구나 실패를 경험한다. 앞에서도 언급했듯이, 자금과 조직, 마케팅 역량을 다 갖춘 대기업조차 새로운 사업의 성공 확률이 10퍼센트 정도밖에 되지 않는다. 따라서 사업가가 겪는 실패를 결과로 볼 게 아니라, 성공의 과정으로 보아야 한다. 실패를 성공을 향한 과정으로 삼을 만한 회복탄력성이 있는지, 실패로부터 성공의 지혜를 얻을 수 있는 DNA를 가지고 있는지가 핵심인 것이다.

결국 이 과정을 의미 있게 이겨내온 창업 CEO는 그 실패

극복의 과정이 성공의 백서가 되고, 그 이름이 브랜드가 된다. 이런 과정에서 학습되는 성공방정식이 최고경영자의 강력한 리더십이 되는 것이다.

마윈은 이런 관점에서 깊이 있는 성공 백서를 가졌고, 드라마틱한 성공의 이야기를 담고 있다. 또한 그의 실패와 성공의 과정 자체가 일상성 안에 있다. 불현듯 깨닫는 진리가 아니고, 하늘에서 내려온 귀인의 덕이 아니다. 그는 철저하게 일상적인 일을 통해, 거대한 대의명분이 아니라 생활을 영위하기 위한 목적으로 드라마틱한 성공을 일구어낸 것이다. 그렇기 때문에 수많은 생활인에게 훨씬 구체적이고 강력한 동기부여가 된다.

'마윈도 해냈는데, 나라고 못하겠나?'

사람들이 이런 감정을 느끼는 핵심은, 일반인들과 다르지 않은 생활 속에서 성공을 이룬, 삶 자체가 리더십인 마윈 회장의 성공 스토리에 있다. 수많은 젊은이가 그의 메시지와 행보를 진지하게 지켜보며 소화하고 있는 것이다. 이미 마윈과 자신을 동기화한, 성공을 꿈꾸는 수많은 이들에게 마윈의 성공은 절실하다. 이것이야말로 평범한 생활 속에서 거듭된 실패를 딛고 이루어낸 성공 스토리가 강력한 PI로 작동하는 사례라고 할 수 있다.

CEO의 회복탄력성은
기업의 생존력과 직결된다

앞에서도 보았지만, 마윈뿐만 아니라 성공한 창업자들은 공통적으로 탁월한 회복탄력성을 보여준다. 실패를 극복하는 사회적·심리적 근육이 실패를 거듭하면서 더욱 단련된 것이다. 그러면서 자신과 조직의 역량이 성장했고, 실패의 충격을 상대적으로 가볍게 만들면서 극복한다. 최고경영자의 이런 역량과, 그가 자신의 기업과 조직에 뿌리내린 DNA는 강력한 경쟁력이 될 수밖에 없다. 마윈 역시 오뚝이 같은 회복탄력성으로 알리바바그룹을 세계적인 기업으로 키웠다.

"어떤 큰 나무라도 그 밑에는 자양분이 있게 마련이다. 가장 큰 자양분은 이 시대의 무수히 많은 사람들의 실패에서 나온다. MBA를 수료한 이후 창업을 해서는 성공하기 어렵

사업가가 겪는 실패를

결과로 볼 게 아니라,

성공의 과정으로 보아야 한다.

회복탄력성이 있어서 실패를

성공을 향한 과정으로 삼고,

실패로부터 성공의 지혜를

얻을 수 있는 DNA를 가지고 있는지가

핵심인 것이다.

다. MBA에서는 사람들이 어떻게 성공했는지를 가르치기 때문이다. 성공한 사람들의 예시만을 배우기 때문에 생각이 현실적이지 못하다."

마윈 회장은 평소에 알리바바를 키운 9할은 무수한 실패의 경험이라고 말한다. 그는 실패를 성공의 자양분으로 여기는 기업의 DNA를 만들고 싶었을 것이다. 실패는 어쨌든 도전의 산물이고, 도전을 겁내서는 아무런 결과도 낼 수 없기 때문이다. MBA에 대한 그의 편견도 실패가 성공의 다른 면을 가르치는 수업이라는 맥락에서 이해할 수 있다. 책상에서보다 수만 배는 더 복잡하고 변수가 많은 경영환경에서는 교과과정에서 배운 성공방정식대로 되지 않는다. 오히려 실패를 빨리 많이 겪어야 현실적인 성공의 방법을 찾을 수 있다는 이야기일 것이다.

"실패한 사람들이 어떻게 실패했는지를 배워야 한다."

마윈의 회사에는 그의 철학대로 연관 산업의 실패 경험을 깊이 있게 고찰하는 조직이 있다. 그리고 그 역시 실패의 사례들을 연구하는 데 많은 시간을 할애한다고 한다.

"내가 일하는 분야에 대한 전문적인 지식을 공부한 적이 없다. 깊이 있는 공부가 부족하고, 산업의 환경 변화를 예측하는 능력도 나는 떨어진다. 이를 극복하는 가장 좋은 방법은 실패를 연구하는 것이다."

그는 또한 자신의 실패 속에서 새로운 돌파구를 찾아 '변화'의 실마리로 삼을 필요가 있다고 강조한다.

"나는 이런 변화의 시대에 감사한다. 세상이 변할 때 우리는 자신이 원하는 것이 무엇인지, 버릴 것이 무엇인지를 확실히 알 수 있다."

실패와 변화를 대하는 마윈의 이런 태도는 결국 그만의 관점이고 PI라고 할 수 있다. 그는 실패도 분명 활용할 가치가 있다는 '성공적 실패'의 역사를 가지고 있고, 이것이 그의 가능성과 기업의 미래를 현재에서 점치는 DNA가 된 것이다.

기회를 포착하고 목표만 보고 달리는
근성의 리더십

"지금이 아니라면 언제, 내가 아니라면 누가?"

마윈은 일하는 분야에 대한
전문적인 지식을 공부한 적이 없다.
깊이 있는 공부가 부족하고,
산업의 환경 변화를 예측하는 능력도
떨어진다고 말한다.
그리고 이 모든 것을
극복하는 가장 좋은 방법은
실패를 연구하는 것이라 단언한다.

누구나 자신의 판단 근거가 있다. 마윈 회장은 중요한 결정이나 생의 전환기에 스스로에게 던지는 이 질문을 통해 의사를 결정해왔다. 공격적인 프로파간다 같지만, 현실적으로 매우 중요한 질문이다. 도전에 대한 명확한 비전과 통찰을 제시하는 질문이기 때문이다.

"사업을 하면서 단 한 번도 완전히 준비된 때라는 걸 경험해본 적이 없다. 완전히 준비된 때는 이미 일을 할 필요가 없을 때다!"

필자에게 경영의 구루 같은 분이 항상 되뇌시던 말이다. 마윈 회장의 판단 지표와도 상당히 통한다. 사업을 하면서 완전히 준비된 때는 없다. 비즈니스는 생물 같아서 매우 유동적이고, 적당한 때를 준비하기 어렵다. 정확히 언제 하겠다고 계획하는 것은 해당 산업과 환경에 대한 예측이 가능할 때만 할 수 있는 이야기다. 하지만 알다시피, 그런 때란 없다. 그렇게 정확한 예측이 어렵다면, 지금이 가장 유리한 시기가 아닐까.

물론 마윈 회장의 말은, 주저하지 말고 지금 당장 주체적으로 일을 해보는 도전정신을 요구하는 것이다. 그는 좋은 조건이 만들어질 때를 기다리지 않고 자신이 처한 조건에서 시작했으며, 누군가가 채워주기를 바라지 않고 자신이 채워가며 사업을 했다. 조건보다 주체적인 판단과 실천으로 IT 불모지였던 중국에서 실리콘밸리를 넘어서는 기업을 일궈낸 것이다.

마윈 회장은 평범한 생활인으로 살면서도 손정의 회장과의 6분 면담을 통해 투자를 받고, 제리 양으로부터도 엄청난 투자를 유치한다. 이런 기회를 잡을 수 있었던 동력은 목표에 대한 그의 강한 의지였을 것이다.

"저는 《서유기》의 삼장법사 리더십을 존경합니다. 삼장법사는 특별한 재주는 없지만 사명감과 목표에 대한 의지가 분명합니다. 재주 있는 주인공들이 목표를 잊지 않도록 방향을 제시하는 게 저의 리더십입니다."

삼장법사는 경전을 가져와야 한다는 한 가지 목표에만 집중했기 때문에, 서역으로 가는 도중에도 온갖 고난을 이겨냈고, 조직의 충돌도 조율해가며 결국 목표를 이룰 수 있었다고 본 것이다.

고객, 그리고 사회와 함께 간다는
상생의 경영철학

마윈 회장이 성공할 수 있었던 다른 한 축은 '상생'의 경영
철학이다. 그는 알리바바의 성공은 고객의 성공에 달려 있으
며, 나와 고객의 성공 중 하나를 택해야 한다면 망설이지 않
고 고객의 성공에 매달리겠다고 공언했다.

"어떤 사업을 하든 세 가지 승리에 대해 생각해야 한다. 첫
째는 고객이 승리하는 것이다. 무엇을 하든 고객이 먼저다.
다음으로는 협력사가 승리해야 한다. 세 번째가 당신의 승리
다."

물론 알리바바는 인터넷 거래 플랫폼이기 때문에 거기서
이루어지는 고객의 성공이 자사의 성공과 직접적인 관련이
있다. 하지만 다른 관점에서는 성공한 플랫폼은 언제나 플레
이어를 쉽게 구할 수 있기 때문에 사업자들이 자신들의 정
책과 규칙을 따르도록 강제할 수 있다. 다시 말하자면, 고객
이 승리하는 데 모든 초점을 맞추고 내려놓기가 생각처럼
쉽지 않다는 것이다. 최고경영자가 자기희생을 통해 비전을

실현하려는 강한 의지를 구성원들도 일관된 인식과 태도로 받아들여야, 그 회사와 조직의 가치관과 비전으로 자리를 잡게 된다.

마윈 회장은 고난 극복의 드라마틱한 삶에서 배어나오는 자연스러운 아이덴티티와 함께 '고객 우선'과 '상생'이라는 철학을 구체화하기 위해 알리바바그룹의 경영 일선에서 물러났다. 그리고 큰 규모의 공익사업과 사회문제 전반에 관심을 기울이면서 자신의 소명을 다하고 있다. 구체적으로 공익기금 관리와 운용, 대기오염 개선, 빈곤 퇴치 등을 위한 활동을 적극 지원하고 있다. 경제의 총량과 세계경제에서 차지하는 위상에 비해 중국은 아직 후진적인 관념이 많은 나라지만, 마윈 회장은 사업을 시작할 때 그랬던 것처럼, 공공의 문제 해결이라는 하나의 뚜렷한 목표를 세우고, 앞만 향해 달려가고 있다.

"창업이 내 기업가 영혼을 불사른 것이라면, 현재 일은 내 양심을 일깨우기 위한 것이다."

chapter 10

상식을 행동으로

LG생활건강 부회장
차석용

명령만 내리는 리더,
직원 스스로 움직이게 하는 리더

"정시에 출근하고 정시에 퇴근하라. 회사에 100퍼센트 투자하는 사람은 회사를 망치는 사람이다."

차석용

"창립 70주년이라는 뜻깊은 해를 맞아 100년을 넘어 눈부시게 빛나는 기업으로 만들어야겠다는 다짐을 한다. 벽을 마주하거든 포기하지 말고 뚫고 나갈 문을 만들겠다는 각오로 새로운 한 해를 힘차게 시작하자."

LG생활건강 차석용 부회장의 2018년 신년사 한 대목이다. 목표와 각오를 보면, 강력한 리더십을 바탕으로 불가능을 용납하지 않는 고성장 시대의 리더 같은 느낌이다. 그리고 말단 사원으로 시작해 국내 5대 기업의 부회장에 오른 그의 이력을 보면 더욱더 '나를 따르면 이길 수 있다'는 리더의 성공 경험을 밑천으로 하는 결과 중심적인 리더십을 예상하게 된다.

결과는 과정의 산물이며
결국은 과정에
리더의 가치와 PI가 담긴다.
이런 관점에서 차석용 부회장은
'상식을 행동으로' 실천하는
리더십을 가진 경영자다.

2004년 12월 LG생활건강 사장으로 스카우트된 그는 미국 P&G에서 사회생활을 시작해 14년 만에 한국 P&G 총괄 사장이 됐고, 법정관리 중이던 해태제과를 3년 만에 흑자로 전환시키며 경영 능력을 인정받았다. 이런 그의 행보 덕분에 강력한 리더십을 바탕으로 짧은 기간에 승부를 내는 전형적인 승부사 기질을 차석용의 키워드로 생각하기 쉽다.

하지만 결과는 과정의 산물이며 결국은 과정에 리더의 가치와 PI가 담긴다. 이런 관점에서 차석용 부회장은 '상식을 행동으로' 실천하는 리더십을 가진 경영자다. 그를 평가하는 모든 경영 성과는 상식을 행동으로 옮긴 지극히 상식적인 경영 행위에서 출발한다.

**샐러리맨에서 10년 이상 장수하는 CEO로,
그 신화의 비결은 무엇인가**

초기에 차석용은 M&A의 귀재로 평가받았다. 2007년 말 코카콜라음료를 시작으로 다이아몬드샘물, 더페이스샵, 한

국음료, 해태음료, 바이올렛드림, 일본 긴자 스테파니, 캐나다 프루츠앤드패션 등을 잇달아 인수했다. 그를 영입하기 전 생필품 중심 기업이었던 LG생활건강은 인수합병을 통해 음료와 화장품 사업까지 범위를 확대하면서 생활용품 기업으로 변모했다. 그래서 LG생활건강은 차석용 이전과 이후로 나뉜다는 손쉬운 평가를 하기도 한다.

차석용 부회장은 올해로 13년째 LG생활건강을 맡아오고 있다. 기업 경영 성과 평가 사이트인 CEO스코어가 2017년 10월 500대 기업 전문경영인을 조사한 결과, 임기 3년을 넘긴 CEO는 3명 중 1명에 불과했다. 게다가 5대 그룹의 경우는 그 비율이 더 낮았다. 차 부회장처럼 10년 이상 같은 회사의 최고경영자 자리를 유지하는 것은 매우 특별한 일이다.

어느 기업이든 최고경영자는 '숫자'와 '사람'에 능해야 평가를 받을 수 있다. 숫자는 경영지표와 함께 결국은 실적을 의미한다. 차석용 부회장이 2005년 LG생활건강 사장으로 취임한 이후 숫자는 눈에 띄게 개선되었다. 36분기 연속 흑자를 냈고, 영업이익 증가율이 두 자릿수를 기록했으며, 주가는 상승했다. 성장지표도 2005년 매출 9,678억 원, 영업이익 704억 원에서 2016년 매출 4조 3,263억 원, 영업이익은 4,964억 원으로 뚜렷하게 증가했다. 그가 재임한 10년 동안 매출액은 4.5배, 영업이익은 7배로 늘었다.

숫자는 이처럼 본질적으로 크고 작은 정도를 표시하는 지표다. 경영환경에 따라 매출이 늘거나 조건이 변하면서 영업이익이 증가할 수도 있다. 실적은 경영자가 매년 받는 성적표지만, CEO의 능력이 고스란히 반영되어 있다고 확신할 수는 없다.

이에 비해 '사람'은 여러 가지로 해석할 수 있는 키워드다. 경영자 본인에 대한 관리일 수도 있고, 인재 확보에 대한 미션일 수도 있으며, 함께 일하는 구성원에 대한 것일 수도 있다. 그리고 더 본질적으로 소비자를 포함해 해당 산업을 구성하는 모든 사람일 수도 있다.

'사람'은 좋고 나쁨의 척도다. 회사가 크고 작은 것보다 더욱 본질적인 문제다. 앞에서 사람에 대한 여러 가지 해석이 있을 수 있다고 언급했지만, 맥락상 경영자와 조직에 대한 이야기다. 결국 PI나 리더십은 좋은 조직과 회사를 고민할 때 필요한 요소이기 때문이다. 리더가 지향하는 방향, 구성

차석용 부회장은 특별한 사람이다.

숫자와 사람을 동시에 추구하는데,

그 순서가 사람을 먼저 챙기면서

숫자를 달성했기 때문이다.

원이 끌리는 매력은 좋은 회사를 판단하는 가장 중요한 기준이다.

큰 조직일수록 보편적 관용성을 지니면서 최고경영자의 특징이 잘 드러나지 않는다. 여러 가지 이유가 있지만, 조직도 관성이 있어서 변화에 저항하고 하위로 내려갈수록 희석되기 때문이다. 그래서 '사람'을 챙기고 중심에 두는 경영을 하면서 동시에 성과를 만드는 양립 구조가 어려운 것이다. 결국 '큰 회사'와 '좋은 회사'를 놓고 최고경영진이 방향을 고민하게 되는 까닭도 이 때문이다.

이런 관점에서 차석용 부회장은 특별한 사람이다. 숫자와 사람을 동시에 추구하는데, 그 순서가 사람을 먼저 챙기면서 숫자를 달성했기 때문이다. 일반적으로 기업이 고도로 성장하고 나면 자의든 타의든 조직과 사람을 챙기기 시작한다. 물론 성장하는 과정에서 사람을 관리해야 하지만, 기업의 본질적인 축을 사람에 두고 성장을 추구하기는 쉽지 않다. 특히 제조업을 중심으로 성장한 회사일수록 '선 성장, 후 사람'이 공식처럼 맞아떨어진다.

그런데 차 부회장은 상식을 행동으로 실천하면서 사람을

중심에 둔 비전을 경영에 심었다. 회사를 맡으면 쇼업이 필요하고, 스타 경영인일수록 상식을 깨는 특별한 정책을 단기간에 내놓으려고 한다. 구성원들은 그런 경영자들을 계속 겪어왔기 때문에, 소위 '혁신적'이라고 하는 'MSG성' 경영 방침을 믿고 신뢰하지 않는다.

"업무시간에 일하고, 업무시간 지나면 퇴근합시다!"

"내 방은 열려 있으니 필요가 있으면 누구라도 와서 두드리세요!"

"지방이나 공장에는 혼자 가서 업무 볼게요."

시장과 언론에서 차석용 부회장의 혁명적인 경영이라고 이야기하는 내용을 요약하면 이게 전부다. 업무시간에 일하고, 직원들과 소통하고, 자기 일은 알아서 한다는 것이다. 웬만한 경영자가 다 기본으로 생각하기 때문에 굳이 이야기하지 않는 이런 것들이 차 부회장이 조직을 이끄는 경영철학이다.

그런 그의 강력한 리더십이 바로 여기에서 나온다. 상식을 행동으로 옮기는 힘이다. 누구나 아는 상식을 구조적으로 실행할 수밖에 없도록 만들기 위해서는 구성원의 이해와 리더십이 필요하다.

업무시간에 일하고 정시에 퇴근하는 상식의 명제에는 행간이 있다. 삶과 일의 균형을 맞춰 사람을 중심에 두겠다는 의지다. 이는 누구나 아는 뻔한 상식인데, 왜 그렇게 안 되고 있을까?

사업을 성장시키면서 일하는 시간을 줄이려면 업무의 효율과 생산성을 높여야 한다. 조직의 구조를 바꾸고 일하는 방식을 달리하는 등 실질적으로 매우 큰 변화가 필요하다. 또한 이런 본질적인 변화에는 강한 리더십과 시간이 필수적이다. 그래서 많은 경영자가 이미 알고 있는 상식선에서 건드리기 어려워하는 것이다.

차 부회장은 '상식을 행동으로' 옮겼다. 상식을 구체화하기 위해 퇴근시간이 되면 전원을 내렸다. 덜 중요한 일에 간섭받지 않도록 준비와 의전을 금지시켰다. 더 일하는 것이 마음 편한 관성적인 패러다임을 바꾸기 위해, 아예 퇴근시간을 앞당기고 일을 넘치게 하면 불이익을 주었다. 구성원들은 동떨어진 굵직한 목표를 지켜보는 구경꾼에서, 생활 속의 상식을 실천해야 하는 당사자가 된 것이다.

개별적인 선호의 촉보다
보편적인 상식을 읽어내는
통찰력이 경쟁력을 갖는다.
게다가 상식을 행동으로
옮길 수 있는 경영자라면
더욱 경쟁우위가 분명해진다.

그렇게 상식을 행동으로 옮기는 철학을 가진 CEO에게 시간은 변화의 촉매제가 된다. 조직은 변화에 적응하면서 더 큰 목표를 모색하고, 성과는 가파르게 증가한다. 이렇게, 좋은 회사가 커지는 것이다.

산업을 예측하고 통찰하는 힘은
상식에서 나온다

일이 계획에서 벗어날 때만 직원이 보고하게 하라. 일이 예정대로 매끄럽게 진행될 경우 굳이 보고할 필요가 없다. 직원에게서 아무 소식도 듣지 못한다면 모든 일이 계획대로 이루어지고 있다고 생각하면 된다.

구성원은 일을 하면서 완벽한 자유와 자율성을 누릴 수 있으며, 본인이 원하는 방식대로 일하면 된다. 직원들에게 일을 원하는 방식대로 할 수 있는 자유와 책임을 많이 부여할수록 그들은 더 긍정적이고 의욕에 넘치는 모습을 보여줄 것이다.

동기부여 전문가 브라이언 트레이시Brian Tracy가 《동기부여 불변의 법칙Motivation》에서 언급한 내용이다.

차석용 부회장이 상식을 행동으로 옮기는 최종 목표는 조직과 구성원의 내재화일 것이다. 그리하여 외부의 강제나 통제 없이 스스로 동기를 부여하고 가치를 실천하면서 성장하는 조직으로 만드는 것이다. 그래서 그는 리더들에게 스스로의 상식 실천을 강조하면서, 조직에서 치어리더가 되라고 주문한다.

"리더들이 뼈를 깎는 노력을 통해 통찰력 있는 결정을 내릴 수 있는 자질을 기르면, 조직의 자원 낭비를 최소화하고 큰 효율을 만들어내며 구성원들의 믿음을 얻을 수 있다. 이렇게 몸소 실천한 가르침은 직원들이 온몸으로 배워 체화한 후 동기가 되기 때문에 매우 중요하다."

차석용 부회장은 산업의 미래를 전망하고 미래지향적인 사업 포트폴리오를 만드는 데 탁월한 재능이 있다. 고 구본무 회장도 이런 능력을 높이 평가했기 때문에 그를 LG로 영입하고 전폭적으로 지지했다. 그래서 오너가 아닌 전문경영인임에도 전권을 행사하면서 많은 M&A를 성공시켰고, 3년 만에 주가가 3배씩 오르는 등 가치가 큰 회사로 만들 수 있었다.

차 부회장이 산업을 예측하고 통찰하는 힘은 상식에서 나온다. LG생활건강은 비투비B2B 비즈니스가 크지 않고, 소비자 접점이 강한 회사다. 그렇기 때문에 어떤 사업보다 소비자 심리 변화에 민감하고 트렌드가 빠를 수밖에 없다. 이런 사업일수록 소비 예측이 상당히 힘들고, 시장을 따라가기보다 끌고 가야 한다. 때문에 개별적인 선호의 촉보다 보편적인 상식을 읽어내는 통찰력이 경쟁력을 갖는다. 게다가 상식을 행동으로 옮길 수 있는 경영자라면 더욱 경쟁우위가 분명해진다.

직원들과 공과를 나누는 CEO,
노와 사가 함께 발전하다

"저의 취임 이후 LG생활건강의 가장 큰 변화는, 상명하달에서 벗어나 구성원들이 자신의 아이디어가 회사를 바꿀 수

그는 리더들에게
스스로의 상식 실천을 강조하면서,
조직에서 치어리더가 되라고 주문한다.

있다는 믿음을 갖게 된 것입니다. 우리에게 창의적으로 일하는 문화가 정착되고 있습니다. 그래서 매일 조금씩이라도 생각이 자라고 안목이 높아지는 사람을 평가하고, 그런 인재를 키우려고 합니다."

차석용 부회장은 '상식을 행동으로' 실천하면서 다음과 같은 실천적 가치를 가졌으면 좋겠다고 말한다. 첫째, 건설적 불만constructive discontent이 많아야 대안을 갖고 발전하는 조직이 된다. 둘째, 현실에 안주하지 않고 더 나은 성과를 달성하기 위해 끊임없이 정진한다. 셋째, 새로움을 넘어 시장의 '판'을 바꾸는 진정한 혁신을 추구한다. 마지막으로, 목표하는 바를 가장 효과적으로 달성할 수 있는 실행 방법을 끊임없이 고민한다. 결국 일관성 있게 집중하고 실천에 옮기는 실행력을 갖춘 조직을 가치 있다고 판단한 것이다.

"우리가 하는 일은 '반드시 옳고 그름'이 없는 사회과학이기 때문에, 어떤 선택을 해도 절반은 지지하지 않게 마련이다. 그래서 경영에서는 정확성accuracy보다 일관성consistency이 더 중요하다. 해볼 만한 시도라고 생각될 때 지속적으로 실천하고, 실패해도 칭찬해주는 용기가 필요하다."

차석용 부회장이 글로 남긴 것이다. 경영학자 톰 피터스 Tom Peters는 리더십은 첫째도, 둘째도 신뢰성에서 나온다고 했다. 실천을 겁내지 않는 일관성 있는 경영 행위가 미래의 도전이라고 확신한다.